RÉSUMÉS

D'HISTOIRE UNIVERSELLE

A L'USAGE

DES ASPIRANTS AU BACCALAURÉAT.

PAR

A. PELLETIER,

ANCIEN MAÎTRE DE CONFÉRENCES AU COLLÉGE ROYAL DE LOUIS-LE-GRAND.

PARIS,

CHEZ L'AUTEUR, RUE DES TOURNELLES, 66;

ET CHEZ

MM. DEZOBRY, E. MAGDELEINE ET Cie, LIBRAIRES-ÉDITEURS,

Rue des Maçons-Sorbonne, 1.

1847

RÉSUMÉS

D'HISTOIRE UNIVERSELLE.

PARIS, — IMPRIMERIE DE FAIN ET THUNOT,
Rue Racine, 28, près de l'Odéon.

RÉSUMÉS

D'HISTOIRE UNIVERSELLE

A L'USAGE

DES ASPIRANTS AU BACCALAURÉAT.

PAR

A. PELLETIER,

ANCIEN MAÎTRE DE CONFÉRENCES AU COLLÉGE ROYAL DE LOUIS-LE-GRAND.

PARIS,

CHEZ L'AUTEUR, RUE DES TOURNELLES, 66;

ET CHEZ

MM. DEZOBRY, E. MAGDELEINE ET Cie, LIBRAIRES-EDITEURS,

Rue des Maçons-Sorbonne, 1.

1847

L'histoire joue un rôle important dans les examens du baccalauréat. En réunissant ces résumés, nous offrons aux candidats un moyen facile de classer des connaissances acquises et de s'orienter au milieu de faits dont la multiplicité ne permet pas de saisir l'ensemble. Pour ne point dépasser le but, il nous a fallu quelquefois omettre des événements d'une importance secondaire, chercher des analogies peut-être arbitraires. Nous ne nous faisons point illusion sur ces imperfections ; aussi ne donnons-nous ce petit livre que pour ce qu'il vaut. Nous nous estimerons heureux si notre sincère désir d'être utile fait accueillir avec indulgence un ouvrage que son mérite ne suffirait pas à recommander.

RÉSUMÉS

D'HISTOIRE UNIVERSELLE.

HISTOIRE ANCIENNE.

1

PROLÉGOMÈNES.

DÉFINITION DE L'HISTOIRE. — DIVISIONS. — ÉPOQUES.

L'histoire est le récit d'événements véritables.

DIVISIONS.

Histoire ancienne, { Orient et Grèce, 4963—146. Romaine, 753—395.

Du moyen âge, 395—1453.

Moderne, 1453—1789.

Contemporaine, 1789—nos jours.

ÉPOQUES.

Histoire ancienne.		*Hist. du moyen âge.*		*Temps modernes.*	
Adam,	4963	Invasion,	404	Amérique,	1492
Noé,	3308	Clovis,	481	Réforme,	1517
Premiers empires,	2000	Mahomet,	622	Paix de Westphalie,	1648
Moïse et Sésostris,	1600	Charlemagne,	800	Paix d'Utrecht,	1713
Guerre de Troie,	1280	Othon Ier,	962	États généraux,	1789
Cyrus,	538	Croisades,	1095—1270		
Guerres médiques,	480	Rodolphe de Hapsbourg,	1273		
Alexandre,	336	Prise de Constantinople,	1453		
Romulus,	753				
Auguste,	30				

2

PREMIERS EMPIRES.

OBSERVATION. On peut considérer approximativement 2000 comme la date de la fondation des premiers empires.

Afrique,	Égypte, 2000 Carthage, 800	*Asie,*	Assyrie, 2000 Phéniciens, 2000 Juifs, 2000 Mèdes, 759 Lydie, 1500	*Europe,*	Grèce, 2000 Macédoine, 1300 Rome, 753

Les plus anciens empires sont ceux d'Égypte, d'Assyrie, des Juifs, des Phéniciens, des Grecs.

3

CRÉATION. — DISPERSION DES HOMMES.

4963. CRÉATION du monde.

Adam et *Ève.* Paradis aux sources du Tigre.

Caïn,	*Abel,*	*Seth,*
Enfants des hommes.	Sans postérité.	Enfants de Dieu.

Premiers arts { Enoch : fonde la première ville. Tubalcaïn : fer forgé. Jubal : musique. Naamah : laine tissée.

Patriarches. { Enos. Caïnan. Malaléel. Mathusalem. Lamech.

3308. DÉLUGE.

Noé,

Sem,	*Cham,*	*Japhet,*
Asie. Assyriens, Syriens, Hébreux, Lydiens, Indiens.	*Asie.—Afrique.* Arabes, Égyptiens, Libyens.	*Europe.—Asie.* Celtes, Germains, Scythes, Mèdes.

4

HISTOIRE DU PEUPLE DE DIEU,

c'est-à-dire

choisi par Dieu pour conserver la connaissance de son nom.

3 NOMS du peuple de Dieu.	*Hébreux*, d'Héber. *Israélites*, d'Israël. Dieu appela ainsi Jacob. *Juifs*, de Juda, fils aîné de Jacob.
3 NOMS de la Terre-Sainte.	*Chanaan*, nom primitif. *Judée*, de Juda. *Palestine*, des Palestins ou Philistins.

4 GRANDS prophètes.	*Isaïe* *Jérémie*	annoncent la captivité de 70 ans.
	Daniel *Ezéchiel*	annoncent la fin de la captivité.

4 GRANDES fêtes.	*Pâques*, rappelle la sortie d'Égypte. *Pentecôte*, — la loi sur le Sinaï. *Tabernacles*, — le séjour au désert. *Expiations*, fautes du peuple.

OBSERVATION. Le grand-prêtre entrait dans le sanctuaire une fois l'année, le jour des expiations. — Quand il en sortait, on lui amenait deux boucs : l'un était immolé, l'autre chassé dans le désert et chargé des iniquités d'Israël. C'était le *bouc émissaire*.

3 GOUVERNEMENTS avant la royauté.	2000. PATRIARCHES.	*Abraham*, Sara-Agar. *Isaac*, Rébecca. *Jacob* et Ésaü. 12 patriarches fils de Jacob et pères des tribus. CAPTIVITÉ d'Égypte.
	THÉOCRATIE.	*Moïse*, 1643, Pentateuque, (Genèse. Exode. Lévitique. Deutéronome. Nombres.) *Josué*. Jéricho.
	ANCIENS et JUGES.	*Othoniel*. *Déborah*. *Gédéon*. *Jephté*. *Samson*. *Samuel*.

5

SUITE A L'HISTOIRE DES JUIFS.

ROIS. 1080.	*Saül*, sacré par Samuel. *David*. Goliath. 7 psaumes. *Salomon*. Temple. *Roboam*.

SCHISME DES DIX TRIBUS.
962.

ROYAUME DE JUDA.	ROYAUME D'ISRAEL. DE SAMARIE OU DES DIX TRIBUS.
Roboam.	*Jéroboam.*
Josaphat.	*Achab.*
Joram et Athalie.	*Jéhu.*
Ochosias.	*Sellum.*
Joas.	*Osée.*
Ézéchias.	718.
Manassès.	Samarie prise par Salmanazar.
Sédécias.	
606.	
Jérusalem prise par Nabuchodonosor II.	
GRANDE captivité de 70 ans.	

OBSERVATION. Les rois d'Israël sont pour la plupart idolâtres : en éloignant leurs sujets du culte du vrai Dieu, ils veulent les empêcher de retourner à Jérusalem, où les appellent les cérémonies de leur religion.

6

SUITE DE L'HISTOIRE DU PEUPLE DE DIEU.

536. ÉDIT de Cyrus et FIN DE LA CAPTIVITÉ DE 70 ANS.

PERSES. Gouvernement des grands prêtres.	Esdras. Néhémie. Jaddus montre à Alexandre les prophéties de Daniel.

336. ALEXANDRE.

LAGIDES puis SÉLEUCIDES.	Pharisiens et Sadducéens. *Séleucus IV*. Héliodore. *Antiochus IV* Épiphane. Les Machabées.
165. MACHABÉES.	*Judas*, *Jonathas*, *Simon*, fils de Matathias. *Aristobule* et *Hircan II*, celui-ci protégé par Pompée.
FAMILLE D'HÉRODE.	*Hérode* établi par Auguste. J.-C. naît. *Tétrarchie*, sous les fils d'Hérode. *Agrippa II*, dernier descendant d'Hérode.

70 ans après J.-C. Révolte et prise de Jérusalem par Titus.

7

ÉGYPTE.

2000.		*Mænès*. Memphis.
	1° ROIS FONDATEURS.	*Mœris*. Lac.
		Osymandias. Bibliothèque. Tombeau.
		Uchoréus. Memphis agrandie.
	2° INVASIONS.	*Hycsos*. 30 dynasties.
	3° RÉUNION.	*Touthmosis*.
		Aménophis, le Pharaon de l'Écriture.
	SÉSOSTRIS.	Conquêtes jusqu'à l'Indus et le Danube. Canaux, 30 nomes.
1643.	1° ROIS FONDATEURS.	*Protée*, *Chéops* et *Chephrem*, *Ramsès*, Pyramides.
	2° INVASION.	*Sabacco*, roi d'Éthiopie.
		Division sous les 12 seigneurs.
	3° RÉUNION SOUS	*Psammitichus*.
		Nechao. Voyage autour de l'Afrique.
		Apriès.
		Amasis, chef de voleurs.
		Psamménit. Conquête par Cambyse.

RELIGION. Isis, Osiris, Apis, Légumes, Crocodiles, Ichneumons.
GOUVERNEMENT. Monarchie.
3 CLASSES. Prêtres, guerriers, artisans.
Arts. Architecture, astronomie.

(1643) — (Avant J.-C.) Sésostris, fondation d'Athènes; — (après J.-C.) mort de Louis XIII.

8

ASSYRIE.

BABYLONE.	2000.	NINIVE.
Nemrod.		*Assur.*

La réunion de Babylone à Ninive
forme le

1er EMPIRE ASSYRIEN.

Bélus, fondateur.
Ninus. Conquêtes.
Sémiramis, meurtrière de Ninus. Murailles, pont.
Ninias.

Période obscure.

Sardanapale.

DÉMEMBREMENT.
759.

MÉDIE.	BABYLONE.	NINIVE.
Arbacès.	Rois, prêtres.	*Phul.*
Dejocès.	Conquête par Salmanazar.	*Teglatphalazar.*
Phraorte.		*Salmanazar.*
Cyaxare Ier.		*Sennachérib.*
Astyage.		*Nabuchodonosor I.*
Cyaxare II.		*Sarac.*
		Ninive conquise par Nabopolassar.

625. 2ᵉ EMPIRE ASSYRIEN (Ninive réunie à Babylone).
Nabopolassar.
Nabuchodonosor II. Prise de Jérusalem, 606, et de Tyr, 572.
538. *Balthazar.* Babylone prise par Cyrus.

OBSERVATION. Le premier empire assyrien finit en 759 avec Sardanapale. Entre le premier et le second une période intermédiaire, pendant laquelle trois royaumes se forment des débris de l'empire : Babylone, Ninive, Médie.
Religion. Astres, Bel ou Baol, Vénus, symbole de la nature.
Arts. Astronomie, architecture.

9 ET 10

LYDIE.

3 DYNASTIES.

- ATYADES. *Lud*, Lydie. *Méon*, Méonie. *Atys.*
- HÉRACLIDES. *Omphale.* *Hercule.* *Candaule.*
- MERMNADES. *Gygès*, anneau. *Crésus.* Solon, Tymbrée, 548.

MÉDIE.

759. *Arbacès.*
Déjocès. Grand-juge, Ecbatane.
Phraorte. Guerre contre les Scythes.
Cyaxare.
Astyage.
Cyaxare II. Fusion des Mèdes et des Perses.

PERSES.

538. *Cyrus le Grand.* Fusion des Mèdes et des Perses: Sardes, 548; Babylone, 538; 120 satrapies.
Cambyse. Égypte, Éthiopie.
Smerdis le Mage. Magophonie.
Darius, fils d'Hystape, 3 faits. Zopire. Scythes (présent emblématique). Guerres médiques (Marathon, 490).
Xercès Iᵉʳ. Thermopyles, Salamine, Platée, Micale.
Artaxercès Iᵉʳ, Longue-main. Traité de Cimon, 449.
Darius Nothus.
Artaxercès II. Memnon, Cyrus le Jeune et les Dix mille. Traité d'Antalcidas, 388.
336. *Darius III. Codoman.*

OBSERVATION. La Perse avait quatre capitales: Suse, Ecbatane, Babylone, Persépolis.

11

PHÉNICIE, TYR.

Les Phéniciens, resserrés entre le Liban et la mer, sont,

comme plus tard les Portugais, nécessairement navigateurs et marchands.

GOUVERNEMENT MONARCHIQUE.	*Abibal.* *Hiram*, le temple de Jérusalem. *Ithobal.* *Pygmalion.*

572. La première, Tyr, sur le continent, prise par Nabuchodonosor II.

GOUVERNEMENT RÉPUBLICAIN.	2 *suffètes* comme à Carthage.

Trois découvertes : Pourpre, verre, caractères de l'écriture.
Religion : Hercule Tyrien et Astarté (Vénus).

12

GRÈCE.

TEMPS HÉROÏQUES.

PREMIÈRES POPULATIONS.	*Pélages* prétendus Autochthones.	comme en Italie et en Espagne monuments cyclopéens.	COLONIES.	*Inachus*, Phénicien, Argos. *Danaüs*, Égyptien, Argos. *Cécrops*, Égyptien, Argos. *Cadmus*, Phénicien, Thèbes. *Œdipe*. *Étéocle* et *Polynice*. *Pélops* de Sypile, Péloponèse, d'abord Apis.
	Hellènes de Scythie.	Ioniens, Attique. Eoliens, Messénie. Doriens, Péloponèse.		

1380. ARGONAUTES. Jason, Médée.
1280. GUERRE DE TROIE. Priam, Hector, Pâris, Énée, Agamemnon, Ménélas, Achille, Hector, Idoménée, etc.
1180. HÉRACLIDES DORIENS dans le Péloponèse.

888. HOMÈRE. Iliade en 24 chants, comme l'Odyssée.
776. JEUX Olympiques, par Iphitus.
CONSEIL AMPHICTYONIQUE.

COLONIES GRECQUES.	*Ioniens.*	Phocée. Smyrne. Ephèse. Milet.
	Eoliens.	Cumes. Mitilène.
	Doriens.	Rhodes. Halicarnasse.

13

ATHÈNES.

1643. *Cécrops*, fonde 12 bourgades, Αθηναι.
Pandion.
Érechthée.
ROIS. *Égée*, mer du même nom.
Thésée, Minotaure, Ariane. Phèdre et Hippolyte.
1132. *Codrus*, son dévouement.

ARCHONTAT à vie, annuel, décennal.
Médon, 1er Archonte.
3 *factions*. Montagnards (Hypéracriens). Gens de la plaine (Pédiens). Gens du rivage (Paraliens).
3 *législateurs*. Dracon. Cylon. Solon, l'un des 7 sages.
3 *pouvoirs* d'après Solon. Assemblées populaires. Sénat de 400 membres. Aréopage (Archontes sortis de charge).

500. TYRANNIE DE PISISTRATE.

Hipparque. Hippias.

PANATHÉNÉES. *Harmodius* et *Aristogiton*.

14

SPARTE.

ROIS PÉLASGES.
Sparton. Sparte.
Lelex.
Eurotas, fleuve de Sparte.
Lacédémon. Lacédémone.
Tyndare, époux de Léda.

Clytemnestre. Hélène. Castor. Pollux.

ROIS PÉLOPIDES. 1280.
Ménélas. Guerre de Troie, 1280.
Oreste.

1180. RETOUR DES HÉRACLIDES DORIENS.

3 *Classes*. Spartiates, Laconiens, Hilotes.
2 *Rois toujours*. Euristhénides et Proclides.

Législation de Lycurgue. 888.	*But.* Tous les sentiments subordonnés à l'amour de la patrie.	
	Moyens.	Isolement. Monnaie de fer. Éducation. Gymnastique. Partage des terres. Syssities. Repas en commun.
Constitution aristocratique.	2 Rois héréditaires. 28 Sénateurs à vie. 5 Éphores.	
2 *guerres de Messénie.*	Aristodème. Ithome, 774. Aristomène. Ira, 684. Tyrtée.	

Observations. La plupart des guerres de l'antiquité amenées par des injures faites à des femmes : Guerre de Troie, Messénie, Sabines, Lucrèce, Virginie.
La date : 888. — (Avant J.-C.) Homère, Lycurgue ; — (après J.-C.) déposition de Charles le Gros.

15 et 16

HISTOIRE GÉNÉRALE DE LA GRÈCE.

500. 2 *Guerres médiques.*	*Cause :* Incendie de Sardes par les Athéniens, auxiliaires des Ioniens révoltés. 490. Marathon à quatre lieues d'Athènes, Miltiade. 480. Thermopyles, Salamine, Platée, Micale, Léonidas, Thémistocle, Pausanias, Aristide, Léotichide. 449. *Traité de Cimon.*
Guerre du Péloponèse. 27 ans, 431-404.	*Cause :* Rivalité de Sparte et d'Athènes ; conseils intéressés de Périclès. *Double invasion :* Peste ; Hippocrate ; Périclès meurt. *Délium.* Socrate sauve Alcibiade. *Amphipolis.* Cléon et Brasidas tués. 415. Trève de Nicias ou de 50 ans et expédition de Sicile ; Nicias, Lamachus, Alcibiade, ses victoires, sa mort chez les Perses. Conon, l'un des dix généraux. Arginuses. 404. Ægos Potamos ; prise d'Athènes.

Observations. Deux guerres dans le 5e siècle. Les guerres médiques, ainsi appelées parce que les Perses et les Mèdes, que combattait la Grèce, ne formaient qu'un peuple depuis Cyrus.

17

HISTOIRE GÉNÉRALE DE LA GRÈCE.

Observations. Nous diviserons les faits qui se produisent depuis la prise d'Athènes jusqu'à la mort d'Épaminondas en 2 périodes offrant de l'analogie.
Avant le traité d'Antalcidas, Athènes délivrée et 2 batailles.
Après le même traité, Thèbes délivrée et 2 batailles.

404. *Prise d'Athènes*, par Lysandre, les 30, puis les 10.
Délivrance, par Thrasybule.
Halyarte. Lysandre.
Coronée. Agésilas rappelé d'Asie.

388. Traité d'Antalcidas. Ionie sacrifiée.
Prise de Thèbes, par Phébidas; les Polémarques.
Délivrance, par Pélopidas.
Leuctres.

363. *Mantinée.*

18

MACÉDOINE ET GRÈCE.

En dehors des intérêts helléniques jusqu'à Philippe II. Les Grecs regardent jusque-là les Macédoniens comme des barbares.

Amintas II.

Philippe II. 360-336. En otage à Thèbes; élevé dans la maison d'Épaminondas.
Ire guerre sacrée. Philippe, chargé de la guerre par les Amphictions.
Guerre sociale. Philippe n'y prend pas part.
IIe guerre sacrée. Intervention de Philippe; *Chéronée*, 338.

Observations. Philippe, grand capitaine, rusé politique; un mot de lui le peint : Une place n'est pas imprenable quand un mulet chargé d'argent peut y pénétrer.
Eschine, adversaire de Démosthènes, soutient à Athènes les intérêts de Philippe. Exil d'Eschine à Rhodes après l'affaire de Ctésiphon.

19

ALEXANDRE.

ALEXANDRE. 336-323.

Débuts. 20 ans; fils d'Olympias; 336 est aussi l'avénement de Darius; révolte générale; Thèbes, Pindare.

Itinéraire à étudier sur la carte; Alexandre suit d'abord les côtes d'Ionie pour soulever les colonies grecques et surveiller la Grèce sans s'éloigner de sa flotte.

3 victoires. Granique (fleuve de Bithynie) sur Memnon.
Issus (ville de Cilicie) sur Darius.
Arbelles (ville près du Tigre) sur Darius.

Femmes. Barsine, Statira, Roxane.

Bornes. N. Hémus, Pont-Euxin, Caucase, Caspienne, Oxus.
E. Iaxarte et Indus.
O. Épire, Illyrie, mer Intérieure, Libye.
S. Mer Égée, Éthiopie, Arabie, mer Erythrée.

OBSERVATIONS. Alexandre n'est pas le fou qu'a dit Boileau: « Heureux si de ce temps, etc.» S'il se fait proclamer Dieu, s'il prend le costume des rois de l'Orient, c'est un moyen de s'attacher les vaincus.

20

CAUSES DE LA GRANDEUR DES ÉTATS GRECS.

ATHÈNES.

Caractère. Naturel ambitieux, amour de la gloire, aptitude universelle, poëtes, philosophes, etc.

Gouvernement. Démocratie; tout est accessible à tous.

Circonstances. Services rendus à la Grèce dans les guerres Médiques; puissance maritime.

Sparte.
- *Caractère.* National, dévouement entier à la république, éducation guerrière, corps robustes, mâles courages.
- *Gouvernement.* Aristocratie persévérante, oppressive et ambitieuse.
- *Circonstances.* La tyrannie d'Athènes a lassé les États grecs.

Thèbes. Doit tout au génie de deux hommes.

Macédoine.
- *Caractère.* National, instincts guerriers, race robuste.
- *Gouvernement.* Monarchie ; tous les pouvoirs aux mains d'un seul.
- *Circonstances.* Anarchie de la Grèce, tyrannie de Sparte et d'Athènes, impuissance de Thèbes.

21

323. SUCCESSEURS D'ALEXANDRE.

Famille d'Alexandre.
- *Olympias*, sa mère.
- *Statira* et *Roxane*, ses femmes.
- *Alexandre Aigus*, son fils ;
- *Philippe Arrhidée*, son frère.

Tuteurs. *Perdiccas*, *Antipater*, *Polysperchon*.

1er Partage. — 6 États.

Macédoine et Grèce.	*Thrace.*	*Asie mineure.*	*Cappadoce.*	*Babylonie.*	*Égypte.*
Antipater.	Lysimaque.	Antigone.	Eumène.	Seleucus.	Ptolémée.
Cassandre.		Démétrius Poliorcète.			

1re *ligue.* Contre Perdiccas et Eumène.
2e *ligue.* Contre Antigone.
3e *ligue.* Ipsus, 301. Antigone.

2e Partage. — En 4 États.

Macédoine.	*Thrace.*	*Syrie.*	*Égypte.*
Cassandre.	Lysimaque.	Séleucus Nicator.	Ptolémée Soter.

22

LIGUE ACHÉENNE.

STRATÉGES.

301. Origine antique.
Aratus de Sicyone, 222. Sellasie.
Proclamation de la liberté aux jeux isthmiques.
Philopémen, le dernier des Grecs.
Retour des exilés.
Scarphée et Leucopétra.

LIGUE ÉTOLIENNE.

Rivale de la ligue achéenne.
Alliance avec Antiochus.
192. Thermopyles, Magnésie.
Conquête de l'Etolie par les Romains.

146. RÉDUCTION DE LA GRÈCE EN PROVINCE ROMAINE.

GRÈCE ET MACÉDOINE, 323—146.

MACÉDOINE.

323. *Antipater*. Guerre Lamiaque.
301. *Cassandre*. Ipsus. — La famille d'Alexandre égorgée.
Pyrrhus. *Démétrius Poliorcète*. *Lysimaque*.
Antigone Gonatas. Gaulois chassés.
222. *Antigone Doson*. Sellasie.
Philippe III. Cynocéphales. Tribut.
Persée. Pydna. 4 districts.
148. *Andriscus*. Pydna. Réduction.

ATHÈNES.

DÉCADENCE.

Aristocrat. appuyée par Antipater.
Démocratie par Alexandre.
Aristocrat. par Cassandre.
Démocratie par Démétrius Poliorc.

Athènes n'est plus qu'une école de rhéteurs.
Prise par Sylla.

23

ÉGYPTE.

301.

10 PTOLÉMÉES LÉGITIMES.

Ptolémée I, Soter, fils de Lagus.
Bibliothèque.
Phare.
Ptolémée II, Philadelphe.
Septante.
Théocrite.
Ptolémée III, Évergète.
Tragiques traduits.
Ptolémée IV. Raphia.

3 PTOLÉMÉES ILLÉGITIMES.

Ptolémée XI, Aulétès. Protégé des Romains.
Ptolémée XII. Pompée. Guerre d'Alexandrie.
Ptolémée XIII. Empoisonné.
Cléopâtre. Antoine. Actium, 31.
30. RÉDUCTION EN PROVINCE ROMAINE.

SYRIE.

311. *Séleucus Nicator*.
Antioche. Cyropédium.
192. *Antiochus III* le Grand.
Thermopyles.
Magnésie.
Antiochus IV. Epiphane.
Machabées.
Mort affreuse.
Cléopâtre. *Démét. II*. *Rodogune*.

Antiochus VIII. *Séleucus*, empoisonné par sa mère.
Anarchie.
Tigrane, roi d'Arménie.
64. RÉDUCTION EN PROVINCE ROMAINE.

Observations. L'an 311 commence l'ère des Séleucides. En réunissant les initiales des surnoms des 3 premiers Ptolémées on a la syllabe *spe*, ablatif de *spes*. Tous trois protecteurs des lettres.

24

ÉTATS FORMÉS DE L'EMPIRE DES SÉLEUCIDES.

5 a l'ouest de l'Euphrate.	
Pont.	Remonte à Darius Ier. *Mithridate VII* le Grand combat Sylla, Lucullus et Pompée. *Pharnace.* Zéla, *veni, vidi, vici.*
Bythinie.	*Prusias.* Annibal. *Nicomède II*, fils et meurtrier de Prusias. *Nicomède III* lègue ses États aux Romains.
Pergame.	*Attale III* lègue ses trésors et ses États à Rome. *Aristonic* se révolte. Réduction 129.
Juifs.	*Vide suprà.*
Cappadoce.	10 Ariarathes.

3 a l'est de l'Euphrate.	
Bactriane.	Théodote.
Parthes puis Perses,	Arsacides, 246 avant J.-C., 229 ap. J.-C. Sassanides, 229.
Arménie.	Artaxias.

Observations. Les Parthes ont 3 capitales : Ecbatane, Ctésiphon, Séleucie.
La bibliothèque des rois de Pergame rivale de celle des Ptolémées. Découverte du parchemin (*Pergamœa charta*).

25

RELIGION.

12 grands dieux.
- *Jupiter.*
- *Junon.*
- *Cybèle.*
- *Minerve.*
- *Diane.*
- *Apollon.*
- *Cérès.*
- *Mars.*
- *Mercure.*
- *Vénus.*
- *Neptune.*
- *Vulcain.*

9 muses.
- *Clio* (histoire).
- *Calliope.*
- *Melpomène* (tragédie).
- *Thalie* (comédie).
- *Euterpe.*
- *Terpsychore* (danse).
- *Érato.*
- *Polymnie.*
- *Uranie* (astronomie).

4 grands jeux.
- *Olympiques.* Jupiter. Olympie.
- *Néméens.* Jupiter. Forêt de Némée.
- *Pythiques.* Apollon. Delphes.
- *Isthmiques.* Neptune. Isthme de Corinthe.

30,000 divinités inférieures. — Fêtes secondaires : **Éleusinès**, Panathénées, Dionysiaques.

LITTÉRATURE.

POÈTES.	*Homère*. Iliade, Odyssée, Batrachomyomachie.	
	Hésiode. Poëme sur l'agriculture.	
	Tyrtée. *Pindare*. *Sapho*. *Anacréon*.	Odes.
	Eschyle. *Sophocle*. *Euripide*.	Tragédies.
	Aristophane. *Ménandre*.	Comédies.
HISTORIENS.	*Hérodote*. Guerres médiques.	
	Thucydide. Guerre du Péloponèse.	
	Xénophon. 10,000.	
	Polybe 2e guerre punique.	
	Arrien. Alexandre.	
PEINTRES.	*Polygnote*. *Xeuxis*. *Parrhasius*. *Appelle*.	
SCULPTEURS.	*Phidias*. *Praxitèle*.	

OBSERVATIONS. On distingue en architecture les 5 ordres : Dorique, Ionique, Corinthien, Toscan et Composite. Les 3 premiers appartiennent aux Grecs, les 2 autres aux Romains.

26

HISTOIRE ROMAINE.

ANCIENS PEUPLES DE L'ITALIE.

GRANDES MIGRATIONS.	*Pélasges*. (Œnotrus, Évandre). Aussi en Grèce et en Espagne.	
	Illyriens.	Venètes. Sicules.
	Ibériens.	Ligures. Sicanes.
	Gaulois.	
	Toscans ou *Tyrrhéniens*.	
COLONIES.	*Grecs*.	Tarente. Salente. Crotone. Sybaris. Messine. Syracuse.
	Troyens d'Enée.	Lavinium. Albe.

753. ROME. Colonie d'Albe.

ROIS.
- *Romulus*. 2 ordres, Célères, 100 sénateurs. Patronage, Comices. Enlèvement des Sabines.
- *Numa*. Égérie. Institutions religieuses.
- *Tullus Hostilius*. Les Horaces. Les Curiaces. Albe détruite.
- *Ancus Martius*. Pont. Murs. Prison.
- *Tarquin* l'Ancien.
- *Servius Tullus*. Comices par centuries.
- *Tarquin le Superbe*. Capitole, Gabies, Lucrèce.

509. RÉPUBLIQUE.

INTÉRIEUR.	GUERRES.
2 consuls annuels. 12 licteurs.	Guerre de Porsenna. { Mutius Scævola. Horatius Coclès.
Brutus et Collatin.	
1 dictateur. 6 mois. 24 licteurs.	Latins. Lac Rhégille.
Titus Lartius.	
Conjuration. Les fils de Brutus.	

27

500.

RÉPUBLIQUE. FORMATION DE LA CONSTITUTION. GUERRES EXTÉRIEURES.

INTÉRIEUR.	GUERRES.
493. Retraite sur le mont sacré.	Sabins. Volsques.
5 tribuns. 2 édiles.	Coriolan. Véturie.
Spurius Cassius.	
Loi agraire.	
Terentillus Arsa.	
452. VIRGINIE. DÉCEMVIRAT.	
2 censeurs. 5 ans.	Véies, Èques, Herniques.
Censure.	Cincinnatus.
Questure.	

400.

28

400.

INTÉRIEUR.	GUERRES.
	400. Camille prend *Véies* et *Faléries*. Solde. Mine.
	390. *Gaulois.* { Manlius Capitolinus. Camille. Manlius Torquatus. Valerius Corvus.
336. *Loi Licinia.* { Consulat partagé. Mariage entre les 2 ordres. 500 arpents.	341. *Samnites.* { 1re guerre. Valérius Corvus. Papirius Cursor. 2e guerre. Fourches caudines. Posthumius. Papirius. 3e guerre. Etrusques. Latins. Samnites. Curius Dentatus.

300.

29 ET 30

PYRRHUS. — GUERRES PUNIQUES.

300.

OBSERVATIONS. La constitution romaine est fixée; la république ne poursuit plus qu'un but, la conquête du monde.

277. *Guerre de Tarente.* — Héraclée. Asculum. Bénévent. Pyrrhus. Fabricius. Curius.

1re guerre punique. 264—241.
- *Cause :* Sicile, Mamertins.
- 1° *Succès.* App. Claudius. Duilius. Corbeaux.
- 2° *Revers.* Régulus. App. Claudius. Pulcher; Drépane.
- 3° *Succès.* Lutatius aux îles Ægates.
- *Résultat :* Sicile conquise. Tribut.

OBSERVATIONS. Entre la 1re et la 2e guerre punique, Rome lutte contre les Gaulois cisalpins, Carthage contre les mercenaires, qu'écrase Amilcar Barca.

2e guerre punique. 218—202.
- *Cause :* Sagonte détruite.
- 5 batailles : Tésin, Trébie, Trasimène, Cannes, Lama.
- 3 théâtres de la guerre : Italie, Espagne, Afrique.
- *Résultat :* Royaume de Numidie, Espagne, Corse, Sardaigne conquises; tribut, flotte brûlée.

200.

OBSERVATIONS. Le but d'Annibal en attaquant l'Italie par le nord est de soulever les Gaulois : il échoue auprès d'eux d'abord, et auprès des Samnites ensuite.

CARTHAGE.

Origine.	*Gouvernement républicain.*	*Puissance.*
Colonie tyrienne fondée par Didon.	Sénat. Assemblée. 2 suffètes.	Espagne conquise. Sicile disputée aux Grecs. Corse. Sardaigne.

OBSERVATION. Carthage avait pour elle ses vaisseaux, ses trésors; Rome, son armée à la fois nationale et soldée, et la confiance que l'empire du monde l'attendait.

31

OCCIDENT.		ORIENT.
ESPAGNE.		200.
Lusitanie.	*Celtibérie.*	197. 1re *Guerre de Macédoine.* Philippe. Cynocéphales. Tribut. Ni armée ni flotte.
Galba et Cœpion contre Viriathe.	Caton l'Ancien détruit 300 villes. Scip. Emilien prend Numance, 138.	192. *Guerre contre Antiochus III.* Thermopyles. Magnésie. Acil. Glabrio. L. Scipion.
		168. 2e *Guerre de Macédoine.* Persée. Pydna. Partage en 4 districts.
		148 3e *Guerre de Macédoine.* Andriscus. Pydna.
		MACÉDOINE RÉDUITE EN PROVINCE ROMAINE.

3e GUERRE PUNIQUE et RÉDUCTION DE LA GRÈCE EN PROVINCE ROMAINE.

146.

132. *Révolte des esclaves.*
Eunus. Tauroménium.
111. *Jugurtha.* Adherbal et Hiempsal.
Victoires de Métellus et de Marius.
105. *Teutons et Cimbres.*
Aix et Verceil par Marius.

Famille des Scipions.

Cnæius. Corn. Scipion, frère de Pub. Corn. Scipion; défait au Tésin par Annibal, et plus tard tué en Espagne.

- Scip. Nasica, qui tua Tib. Gracchus. (fils de Cnæius)
- Pub. C. Scip. l'Africain. — Lucius Scip. l'Asiatique. (fils de Pub. Corn. Scipion)
  - Cornélie, mère des Gracques.
  - x qui adopte Scip. Emilien (fils de Paul-Emile).

32

LES GRACQUES.

Tibérius et *Caïus*, fils de Sempronius Gracchus et de Cornélie, fille de Publius Cornélius Scipion le 1er Africain.

But. { Exécution de la loi Licinia, éludée quant aux 500 arpents.
Extension du droit de cité.

Tibérius, l'aîné des Gracques, 133.
- Résistance et déposition du tribun Octavius.
- Loi agraire votée, — partage des trésors d'Attale
- Tibérius assassiné par Scipion Nasica.

Caïus, 123.
- Questeur en Sardaigne, puis tribun.
- 1° Loi agraire. Colonies.
- 2° Judicature donnée aux chevaliers.
- 3° Italiens dans la cité.
- Caïus tué par ordre du sénat.

33

Observations. L'histoire romaine devient l'histoire de quelques noms propres : Marius et Sylla d'abord, puis César et Pompée.

100.

91. Guerre sociale.

Propositions de Drusus. Sylla, Pompée, Strabon, Marius.

Rivalité de *Caïus Marius* et de *Corn. Sylla*,

Plébéien d'Arpinum.	Patricien de la famille Cornélia.
Jugurtha. Cimbres. Guerre sociale.	Jugurtha. Cimbres. Guerre sociale.
Sylla, consul contre Mithridate.	Élu consul contre Mithridate.
Marius chasse Sylla, puis est chassé.	Il est chassé de Rome par Marius et le chasse à son tour.
Minturnes et Carthage.	Départ pour l'Orient : Orchomène, Chéronée.
Retour de Marius, proscriptions.	Retour, Sacriport. Proscriptions.
Il meurt dans son 7e consulat, 86.	Dictature, abdication. Mort, 79.

34

Succès de Pompée.
- *Sertorius*, puis Porsenna.
- *Spartacus*, déjà vaincu par Crassus.
- *Pirates* : débris des flottes de Mithridate.
- *Mithridate*. 3 guerres : Sylla. Lucullus. Pompée. Syrie réduite. Judée protégée.

35

63. CATILINA. Cicéron consul. Fulvie. 1re Catilinaire. Bataille de Pistoie. Meurtre des prisonniers sans plébiscite.

591. 1er TRIUMVIRAT, 59.

Pompée.	*César.*	*Crassus.*
Chevaliers.	Peuple.	Sénat.

LES CONSÉQUENCES DU TRIUMVIRAT

sont le

Tribunat de Clodius. — Exil de Cicéron.

Consulat de César et de Bibulus. — Loi agraire. Bibulus. Jours fériés. Année de Jules et de César.

Les triumvirs se font donner par le peuple : Pompée, l'Espagne; César, la Gaule; Crassus, la Syrie.

36

GUERRE DES GAULES.

Gaules
Transalpine et *Cisalpine*.

58. Helvétiens, Suèves vaincus.
Alliance avec les Éduens.
Nerviens. Vénètes.
Expédit. de Bretagne.
Vercingétorix, chef des Arvernes.
50. Alise. Double siége.

SÉDITION A ROME.

Rappel de Cicéron.
Clodius tué par Milon.
Milon exilé.

GUERRE DES PARTHES.

Parthes.

53. Avidité de Crassus.
Guerre contre les Parthes.
Défaite et mort de Crassus et de son fils.

RIVALITÉ DE CÉSAR ET DE POMPÉE.

Causes. 1° Le sénat refuse à César l'autorisation de briguer le consulat quoique absent.
2° Mort de Julie, fille de César et femme de Pompée.

5 Guerres, 50—44.
- *Guerre civile.* Rubicon. Dyrrachium. Pompée vaincu à Pharsale, 48. Pompée assassiné par ordre de Ptolémée XII.
- *Guerre d'Alexandrie.* Cléopâtre, siége de la Bibliothèque. Ptolémée XII noyé dans le Nil.
- *Guerre de Pont.* Pharnace battu à Zéla. *Veni, vidi, vici.*
- *Guerre d'Afrique.* Thapsus. Mort de Caton d'Utique.
- *Guerre d'Espagne.* 2 fils de Pompée battus à Munda, 45.

44. Mort de César.

37

SECOND TRIUMVIRAT. ACTIUM.

Occident.	Orient.
44. Antoine et Octave, chefs du parti de César. Division. Triumvirat.	Junius Brutus, Cassius, chefs du parti de Pompée.
42. Antoine. Octave. Lépide.	La Grèce et l'Asie se déclarent pour eux.

42. *Bataille de Philippes.*
Mort de Brutus et de Cassius.
(Vertu tu n'es qu'un nom.)

40. *Traité de Brindes.*
Octave a l'Occident. — Antoine, l'Orient.
Octavie, sœur d'Octave, doit épouser Antoine.

31. *Actium.*
Défaite, puis mort d'Antoine.

38

CAUSES DE LA GRANDEUR ROMAINE.

(Voir Montesquieu).

Causes morales.
- Rome se croit destinée à l'empire du monde.
- Dévouement absolu à la chose publique.
- Vertu des premiers Romains.

Politique du sénat. { Colonies chez les vaincus. Division semée chez les ennemis. Adoption des usages étrangers.

Organisation des armées. { Troupes à la fois soldées et nationales. La légion à la fois solide et mobile.

39

JÉSUS-CHRIST, né sous le règne d'Hérode.

12 *Apôtres.* 4 *Evangélistes.* { Saint Marc. Saint Mathieu. Saint Luc. Saint Jean.

10 PERSÉCUTIONS.

1. *Néron.* { Saint Pierre, crucifié. Saint Paul, décapité.
2. *Domitien.* Saint Jean, exilé à Pathmos.
3. *Trajan.* Pline le Jeune défend les chrétiens.
4. *Marc-Aurèle.* Légion fulminante.
5. *Septime-Sévère.*
6. *Maximin.*
7. *Dèce.*
8. *Valérien.* Saint Denys.
9. *Aurélien.*
10. *Dioclétien.* Galérius.

40

EMPIRE SOUS AUGUSTE.

Octave prend le nom d'Auguste et le titre de prince. Sans changer les formes du gouvernement, il a tous les pouvoirs :

Impérator, il commande les armées; tribun et consul, les comices; pontife, les augures.

Division de l'empire. { Provinces sénatoriales. Provinces impériales.

Bornes. { N. Danube, Rhin. O. Océan Britannique et Atlantique. E. Euphrate. S. Atlas, Éthiopie, Arabie.

Guerres. { Norique et Pannonie conquises.
Cantabres soumis.
Désastre de Varus.

FAMILLE D'AUGUSTE.

Octavie, sœur d'*Auguste*, époux de *Livie*, veuve de Cl. Néro.
Tibère et Drusus.
Marcellus, époux de *Julie*, épouse d'*Agrippa*.
Caius Agrippa. *Lucius Agrippa*. *Agrippine*, épouse de *Germanicus* *Claude*.
Agrippine, *Caligula*.
épouse de Claude.
Néron. *Britannicus*.

OBSERVATION. Auguste adopta successivement : Marcellus, son neveu ; Agrippa, son gendre ; Caïus et Lucius, ses petits-fils ; et enfin Tibère, fils de sa femme Livie.

41

Voir l'histoire littéraire.

42 A 46

OBSERVATIONS. Nous diviserons les empereurs en 6 groupes, ainsi qu'il suit :

12 CÉSARS. On appelle ainsi Jules-César et les 11 premiers empereurs. 48 av. J.-C. — 96 après J.-C.

J. César. Vide suprà.
Auguste. Actium 31. Naissance de J.-C. Mort d'Auguste 14.
Tibère. Séjan, Caprée, mort de Germanicus.
Caligula. Cruautés, folie, cheval consul, Chéréas.
Claude. Messaline et Agrippine. Narcisse et Pallas. La Bretagne conquise.
Néron. Adopté par Claude. Sénèque et Burrhus. Narcisse. Mort de Britannicus, Agrippine, Sénèque, Burrhus, Lucain. Rome incendiée, Néron acteur; Néron assassiné. En lui finit la famille d'Auguste.
Galba. Proclamé en Espagne, égorgé par les Prétoriens.
Othon. Bedriac.
Vitellius. Le corps d'un ennemi mort sent toujours bon.
Vespasien. Bat Vitellius. Administration sévère.
Titus. Jérusalem. Vésuve. J'ai perdu ma journée.
Domitien. Cruautés. Turbot. Domitien tué.

6 ANTONINS. C'est la plus heureuse période de l'histoire de l'empire. 96—192.	*Nerva*. Adopte Trajan. *Trajan*. Dacie soumise, Assyrie conquise sur les Parthes. *Adrien*. Neveu et fils adoptif de Trajan. Vallum Adriani. *Antonin*. Excellent prince. Pestes et fléaux. *Marc-Aurèle*. Marcomans. Légion fulminante. Stoïcien. *Commode*. Cruautés. Combat du Cirque. Assassiné.
SÉVÈRES. On les appelle princes syriens, parce que Septime Sévère épousa Domna, princesse syrienne. 192—235.	*Pertinax*. Fils d'affranchi, égorgé aussitôt qu'élevé par les Prétoriens. *Didius Julianus*. Empire à l'encan. *Septime Sévère*. Proclamé en Illyrie. Vallum Severi. *Caracalla* et *Géta*. Cruautés. Massacre d'Alexandrie. *Macrin*. Meurtrier de Caracalla. Assassiné lui-même. *Héliogabale*. Petit neveu de Septime. Mœurs infâmes. Sénat de femmes. *Alexandre Sévère*. Discipline rétablie, Parthes vaincus. Assassiné à Mayence.
USURPATEURS MILITAIRES. 235—268.	*Maximin le Goth*. Taille énorme, force prodigieuse, cruautés. Égorgé par ses soldats. *Gordien I* et *II*. Proclamés en Afrique. Mort sanglante. *Puppien* et *Balbin*. Proclamés à Rome. Égorgés par le peuple. *Gordien III*. Victoires en Orient. Empoisonné par Philippe. *Philippe l'Arabe*. *Dèce*. Victoires sur les Goths. Mort. *Valerien*. Meurt captif de Sapor I. *Gallien*. Débauches. 30 tyrans.
ARISTOCRATIE MILITAIRE. 268—284.	*Claude II*. Empire rétabli. *Aurélien*. Zénobie, reine de Palmire. Longin. *Tacite*. Élu par le sénat et le peuple. *Probus*. Francs. Perses vaincus. Ligue. *Carus*. Tué par Aper. *Carin* et *Numérien*. Assassinés.

47

EMPIRE PARTAGÉ.

La capitale de l'empire sera tour à tour : Milan, Arles, Trèves, Nicomédie.

OCCIDENT.		ORIENT.	
Gaule. Bretagne. Espagne. Afrique. Italie.		Illyrie. Grèce. Macédoine. Asie. Afrique.	
AUGUSTES.	CÉSARS.	AUGUSTES.	*Césars.*
MAXIMIEN HERCULE.	*Constance Chlore.*	DIOCLÉTIEN.	*Galère.*
CONSTANCE CHLORE.	*Sévère.*	GALÈRE.	
CONSTANTIN renverse	*Maxence.*	LICINIUS	*Maximin Daïa.*

CONSTANTIN renverse LICINIUS.
Flav. CONSTANTIN seul, 325-337.
Vainqueur par les chrétiens, il se convertit (Labarum).
Odieux à Rome païenne, il fait de Byzance sa capitale.
Concile de Nicée; Arius condamné, 325.

INSTITUTIONS.

Divisions.	*Pouvoir civil.*	*Pouvoir militaire.*	*Impôt.*
4 Préfectures.	Préfet, vice-préfet, président.	Maître de la milice.	Indiction.
Diocèses.	Præpositus sacri cubiculi.	Maître de la cavalerie.	Chrysargyre.
Provinces.	Comes largitionum.	Maître de l'infanterie.	Dons gratuits.
	Comes rei privatæ.		

Municipes. Villes se gouvernant elles-mêmes. Curie et décemvirs élus. Les curiales chargés de la perception de l'impôt en étaient responsables.

48

SUCCESSEURS DE CONSTANTIN.

CONSTANTIN, 337.

Constantin II.	*Constance.*	*Constant.*
Tué dans un combat.	Règne bientôt seul, et protège l'arianisme.	Assassiné.

355. *Julien* l'apostat.

Gaule. Thermes. Paganisme rétabli.

Tu as vaincu, Galiléen.

Jovien.

Valentinien Ier. *Valens.*

La grande invasion commence.

Valentinien II s'associe son frère *Gratien.*

égorgé par ses soldats. assassiné par Argobast.

Théodose Ier. 395.

Victoires. Massacre de Thessalonique. Saint Ambroise.

PARTAGE DÉFINITIF DE L'EMPIRE.

Fin de l'histoire Romaine.

395.

49

Voir les institutions de Constantin.

50

ÉGLISE.

Hiérarchie. Patriarches et primats, évêques, prêtres, diacres, acolytes. Ils étaient élus par les fidèles.

Gouvernement. Les papes, évêques de Rome, n'exercèrent qu'au IXe siècle une grande influence, et ne gouvernèrent l'Église qu'au XIe siècle. Tout était réglé par des conciles et par l'autorité d'hommes éminents : *Saint Ambroise, Saint Jérôme, Saint Augustin.*

Conciles. Œcuméniques (γῆς οἰκουμένης), nationaux, provinciaux. Le premier concile de Nicée, 325, condamna l'arianisme.

HISTOIRE DU MOYEN AGE.

1

Étendue : 395. Mort de Théodose.—1453. Prise de Constantinople.

6 ÉPOQUES.
- *Démembrement* de l'empire Romain.
- *Mahométisme.*
- *Charlemagne.*
- *Empire Germanique*, par Othon le Grand.
- *Croisades.*
- *Découvertes.*

ÉTATS.
- *Occident.* Angleterre, Écosse. France. Califat d'Occident.
- *Nord.* Suède. Danemark. Russie. Pologne.
- *Orient.* Empire Grec. Califat. Turcs seldjoucides. Fatimistes.
- *Midi.* Gênes. Pise. Venise. Aragon et Castille. Portugal.

INVASIONS.

Causes de la ruine de l'empire Romain.
1° Corruption des mœurs et dépopulation.
2° Absence d'une loi de succession, et par suite anarchie.
3° Misère des provinces, exactions du fisc.

MONDE BARBARE.

GERMAINS.	SLAVES.	SCYTHES.
Francs sur le Rhin.	Roxolani (Russes).	Huns.
Allemands au delà.	Esthones (Esthonie).	Madjyars.
Angles et *Saxons* (Elbe).	Livones (Livonie).	Bulgares.
Vandales, Suèves, Bourguignons.	Poleni (Pologne).	Avares.
Lombards.	Borussi (Prussiens).	Turcs.
	Goths (bord du Pont-Euxin).	Mongols.

2 ET 3

HISTOIRE DE L'ITALIE.

EMPIRE D'OCCIDENT. 395-476.

- *Honorius.* — *Vandales, Suèves, Alains, Bourguignons*, en Espagne et en Gaule. *Visigoths*, en Italie, Aquitaine, Espagne. *Suèves* détruits par Stilicon.
- *Valentinien.* — *Vandales* d'Espagne en Afrique. *Attila* (Châlons et Rome).
- *Maxime.* Genséric pille Rome.
- *Avitus.* *Majorien.* *Glycérius.* *Jul. Nepos.* — Influence du Vandale Récimer.
- *Romulus Augustule*, 476.

HÉRULES. *Odoacre*, capit. Ravennes.

OSTROGOTHS. 493—555.

Théodoric.

Athalaric.	Amalaric.
Théodat. Vitigès. Totila. Teïas.	Lutte contre Bélisaire et Narsès.

OBSERVATIONS. L'Italie, la Pannonie, la Norique, la Narbonnaise, obéissent à Théodoric. Monuments relevés, Ostrogoths et Romains unis, non confondus. — Boëce, Symmaque, Cassiodore.

GRECS. 555—568.

Conquête par Bélisaire et Narsès.
Justinien.
Justin II.

LOMBARDS et GRECS.

- États lombards. — Royaume de Pavie. Duché de Bénévent.
- États grecs. — Exarchat. Pouille.

Rois lombards.
Alboin.
Cleph.
Autharis.
Rotharis.
Luitprand.
Astolfe.
Didier.

CHARLEMAGNE s'empare de l'Italie jusqu'au duché de Bénévent.

VISIGOTHS.

Alaric. 3 invasions en Italie. Rome pillée. Meurt à Cazenza.
Ataulfe. S'établit dans l'Aquitaine et l'Espagne.
Alaric II. Tué à Poitiers, 507, par Clovis.
Amalaric. Gendre de Clovis.

OBSERVATION. La royauté devient élective.

Concile de Tolède.
Rodrigue. Taric. Bataille de Xerès, 711.

L'ESPAGNE AUX ARABES.

OBSERVATION. Les Arabes sont encore appelés Maures, parce qu'ils venaient de la Mauritanie (Maroc), et Sarrasins, du nom d'une tribu de l'Arabie.

4

ANGLETERRE.

Les Bretons, d'origine celtique, sont attaqués par César; soumis par Agricola sous Domitien. Invasion des Calédoniens; murs d'Adrien et de Sévère.

450. *Abandon par les Romains.*
Autorité des Penteirns.
455. *Hengist et Orsa.*

HEPTARCHIE, 455-584.
- *Kent.*
- *Sussex* (Saxons du sud).
- *Vessex* (Saxons de l'ouest).
- *Essex* (Saxons de l'est).
- *Northumberland*, *Estanglie*, *Mercie*. — États angles.

Écosse, Galles, Cornouailles indépendants.

580. *Saint Augustin* (le missionnaire) convertit les Saxons.
800. *Egbert* le *Grand* réunit l'Heptarchie.

INVASIONS DANOISES.

880. *Olaf* et *Suénon*.
Kanut le *Grand*.
Edouard le *Confesseur* (le Pieux), venu de Normandie.
1066. *Harold*, élu, défait, à *Hastings*, par Guillaume le Conquérant.

5

GAULE.

476. 4 *Peuples*.
- *Francs*, au N.
- *Gallo-Romains*, au C.
- *Visigoths*, au S.-O.
- *Bourguignons*, à l'E.

ROIS FRANCS.

Pharamond.
Clodion.
Mérovée. Châlons, Aëtius, Attila.
Childéric.

Clovis. 485—511. { Soissons, sur Syagrius. Tolbiac, Allemands. Conversion. Vouillé, Visigoths. Bourguignons, tributaires.

Thierry. Metz. *Clodomir.* Orléans. *Childebert.* Paris. *Clotaire.* Soissons.

Théodebert I. *Sigebert.* Metz. *Chilpéric.* Soissons. *Caribert.* Paris. *Gontran.* Orléans.

Théodebald I. *Childebert II.*

Thierry II. *Théodebert II.*

Clotaire II. Traité d'Andelot, 587. Fiefs héréditaires.

Dagobert. Saint-Éloi. Abbaye de Saint-Denis.

LUTTE DE LA NEUSTRIE ET DE L'AUSTRASIE.

Maires du palais.

Neustrie.	*Austrasie.*
Ebroïn, Leucofao.	Pépin d'Héristal. Charles Martel. 731. Tours.

GAULE
après la conquête.

Terres.	*Personnes.*	*Lois.*	*Gouvernement.*
Alleux ou fiefs. Bénéfices. Terres tributaires.	Leudes et nobles. Arimans. Colons.	Salique. Bourguignonne. Visigothe. Droit romain.	Rois, puis chefs de guerre; ils deviennent peu à peu dans l'opinion les successeurs des empereurs. Ducs et comtes, qui gouvernent les provinces et les villes.

6

EMPIRE D'ORIENT.

395. *Arcadius.* Eutrope. Gaïnas le Goth, Rufin le Gaulois.
Théodose II. Pulchérie, Code théodosien.

450. *Marcien.* J'ai de l'or pour mes amis, et du fer pour mes ennemis.
Anastase. Eutychès nie l'humanité de J.-C.
Justin Ier.
535. *Justinien.* Carthage et l'Italie conquises par Bélisaire. Code, Pandectes, Institutes, Novelles.
Justin II. Rappel de Narsès. Lombards en Italie.
Maurice.
Phocas.
622. *Héraclius.* Mahométisme. Syrie, Égypte perdues.
713. *Léon l'Isaurien* favorise les briseurs d'images. Rome secoue le joug des Exarques de Ravenne.
Dynastie macédonienne. Succès des deux Basiles sur les Bulgares.
1095. *Alexis Comnène.* Père d'Anne Comnène, l'historienne. Première croisade.

7

ÉGLISE.

CONVERSION des BARBARES.	*Francs*, sous Clovis, par saint Remi. *Anglo-Saxons*, sous Éthelbert, par saint Augustin. *Goths* et *Lombards*, Ariens d'abord. *Germains* au 8e siècle, par l'Anglais Boniface. *Irlande*, par saint Patrick.
HÉRÉSIES.	*Arius* nie la divinité de J.-C. Condamné au concile de Nicée. 325. *Eutychès* nie l'humanité de J.-C. Condamné à Calcédoine. *Pélage* nie la nécessité de la grâce. Condamné par saint Jérôme et saint Augustin.
PÈRES GRECS.	*Saint Jean Chrysostome.* *Saint Grégoire de Nazianze.*
PÈRES LATINS.	*Tertullien*, saint *Augustin*, évêque d'Hippone. *Saint Ambroise*, évêque de Milan.

8

MAHOMÉTISME.

3 DOGMES dans le Koran et 3 PRÉCEPTES.

Dogmes	Préceptes
Unité de Dieu. Mahomet son prophète.	Prière et aumône.
Peines et récompenses.	Ablution.
Fatalisme.	Abstention de vin.

MAHOMET va à la Mecque.

622. *Hégyre* (fuite à Médine).

4 CALIFES.
- *Abou-bekr.* Syrie et Palestine.
- *Omar.* Égypte.
- *Othman.* Perse.
- *Ali.* Renversé par Mohaviah.

OMMIADES. 660-750.
- *Mohaviah.*
- *Valis.* Espagne conquise, 711.
- *Merwan II.* Défaite de Poitiers, 732.

DÉMEMBREMENT.

750.

CALIFAT D'OCCIDENT ou de Cordoue.	CALIFAT D'ORIENT ou de Bagdad.
OMMIADES. *Abdérame I*[er] échappe au massacre des Ommiades. *Abdérame III.* Grenade et l'Alhambra. *Hescham III*, deposé.	ABASSIDES. *Aboul-Abbas.* *Aaroun-al-Raschid* (ambassade à Charlemagne). *Almamoun.*

1000.

Les califes réduits au pouvoir spirituel par les émirs ou gouverneurs des provinces.	Les califes réduits au pouvoir spirituel par les Aglabites, les Fatimites et les Turcs seldjoucides.

TURCS SELDJOUCIDES.

Origine tartare, — d'abord auxiliaires, puis ennemis des califes.

4 SULTANS SELDJOUCIDES : *Seldjouk*, *Togrul-Beg*, *Alparslan*, *Malekshah.*

DÉMEMBREMENT. 1074. Roum, Damas, Alep, Kerman, Iran.

9

CARLOVINGIENS.

Pépin d'Héristal.

Ch. Martel. — Poitiers sur les Sarrasins, 731.

Pépin le Bref. 752. — Saxons. Aquitains. Lombards. — Carloman son frère, moine de St-Benoît au mont Cassin.

Charlemagne. 800. — Saxons. Vitikind. Sarrasins. Roncevaux. Lombards. Didier. Capitulaires. Champ de Mars et Champ de Mai. Ambassade d'Aaroun-al-Raschid. —800. Empire d'Occident rétabli.

Louis le Débonnaire. 814-40. — 2 Partages. 2 dépositions. 2 femmes.

Louis le Germ^que, Lothaire, Pépin, Charles le Ch. — Bataille de Fontenay. Verdun, 843.

Allemagne. Italie. Aquitaine. Neustrie.

La bataille de Fontenay est la lutte de 3 nationalités.

Le traité de Verdun consomme le démembrement de l'empire carlovingien, 843.

10

841. *Charles le Chauve.* — Invasions normandes. Capitulaire de Kiersy, 877. Charles, empereur, 877.

Louis II le Bègue. — Invasions normandes.

Louis III. Carloman.

888. *Charles le Gros.* 888. — Siége de Paris. Déposition, 888.

Eudes, roi.

Robert, 922. — Charles le Simple. Saint-Clair-sur-Epte. Soissons.

Hugues le Grand règne sous le nom des derniers Carlovingiens. — *Louis IV d'Outre-mer.* | *Lothaire.* *Louis V l'Enfant.*

987. EXTINCTION DES CARLOVINGIENS.

Cause du démembrement de l'empire de Charlemagne. — Races, langues, mœurs diverses. Rapidité de la conquête.

Causes de la féodalité. — Hérédité des bénéfices (Traité d'Andelot, 587). Hérédité des fiefs (Traité de Kiersy, 877). Invasions normandes.

HIÉRARCHIE FÉODALE.

Roi,
Ducs,
Comtes,
Barons et Chevaliers.

11

4 PREMIERS CAPÉTIENS.

OBSERVATIONS. Les 4 premiers Capétiens, soit médiocrité, soit faiblesse, restent renfermés dans leur Ile-de-France sans rien entreprendre contre la féodalité. Ils prennent tous le soin de faire sacrer leur successeur de leur vivant.

987. *Hugues Capet.* Élu à Noyon par les seigneurs du nord de la Loire. Captivité et mort de Charles de Lorraine.

1000. *Robert.* Berthe et Constance. Excommunication, l'an 1000. Manichéens.

Henri Ier. Robert, frère de Henri Ier, duc de Bourgogne.
| Anne, fille d'Iaroslaw.

Philippe Ier. Tutelle de Baudouin, comte de Flandre.
2 faits capitaux. — 1066. *Conquête de l'Angleterre.* 1095. *Première croisade.*
Bertrade de Montfort.

12

NORMANDS.

Origine. Suède, Norwége, Danemarck.

3 *Noms*. Danois en Angleterre. Varègues en Russie. Northmans en Gaule.
Religion d'Odin.
Système de guerre. Remontent les fleuves. Stations à l'embouchure.

Normands en *Neustrie*.	3 siéges de Paris sous Charles le Chauve et Charles le Gros. *Rollon*. Gisèle. Saint-Clair-sur-Epte, 912. *Robert le Diable*, père du conquérant. *Guillaume le Bâtard*. Hastings, 1066.
Normands à *Naples*.	Grecs et Lombards, Sarrasins, dans l'Italie méridionale. Exploits des fils de Tancrède de Hauteville. (Guillaume Bras de Fer. Humfroi. Drogon. Robert Guiscard (Pouille). Roger Ier (Sicile).) *Roger II* crée le royaume des Deux-Siciles (Sicile et Naples). *Tancrède*, bâtard de Roger II.
Normands en *Angleterre*.	Testament d'Édouard le Confesseur. *Guillaume le Bâtard* et *Harold*. *Hastings*, 1066. Doomsday-Book.

13

CARLOVINGIENS D'ALLEMAGNE.

Louis le Germanique, empereur.

Louis, *Charles le Gros*, *Carloman*.

Arnoul.

Louis IV l'Enfant.

919.

SAXE. 919-1024.	*Conrad Ier*, de Franconie. *Henri Ier* (l'Oiseleur). *Othon Ier*, empereur. 962. *Othon II*. *Othon III*. Pologne érigée en royaume. *Henri II*. Hongrie érigée en royaume.	Invasion des Danois, Slaves, Hongrois, Margraviats, villes libres.

FRANCONIE. 1024-1135.	*Conrad II.* *Henri III.* *Henri IV.* Grégoire VII, 1084. *Henri V.*	Querelle des investitures.
	Lothaire de Saxe.	
SOUABE. Hohenstaufen. Viblingen. 1138-1250.	*Conrad III* de Souabe. Lutte contre Henri le Superbe. *Frédéric Ier Barberousse.* Lutte contre Henri le Lion. 1re ligue lombarde. *Henri VI.* Conquête de Naples. *Philippe* de Souabe.	Guelfes (papes), et Gibelins (empereurs).
	Othon IV de Brunswick. Bouvines, 1214. *Frédéric II.* Deuxième ligue lombarde. Excommunication par Grégoire IX.	
1250-1273. GRAND INTERRÈGNE.	Guillaume de Hollande. Alphonse X de Castille.	

OBSERVATIONS. La querelle des Guelfes et des Gibelins est successivement la querelle de la maison de Welf et de celle de Viblingen, la querelle des empereurs et des villes lombardes; enfin, la querelle des républiques italiennes entre elles.

14

CROISADES

1095. 1re CROISADE.	*Causes.* Turcs seldjoucides. Alexis Comnène. *Chefs.* Godefroi de Bouillon. Pierre l'Ermite. Urbain II. *Résultats.* Royaume de Jérusalem. Assises.
1147. 2e CROISADE.	*Cause.* Incendie de Vitry. *Chefs.* Louis VII. Conrad III. *Résultat.* Siége inutile de Damas.
1192. 3e CROISADE.	*Cause.* Prise de Jérusalem par Saladin. *Chefs.* Richard Cœur de lion. Philippe Auguste. *Résultat.* Prise de Saint-Jean-d'Acre.
1204. 4e CROISADE. A Constantinople.	*Cause.* Prédication de Foulques de Neuilly. *Chefs.* Baudouin de Flandre. Le doge. Dandolo. *Résultat.* Empire latin. 1204-1261.
1218. 5e CROISADE.	*Cause.* Excommunication contre Frédéric II. *Chef.* Frédéric II. *Résultat.* Accès des lieux saints.
1248. 6e CROISADE. En Égypte.	*Cause.* Vœu de saint Louis. *Chefs.* Saint Louis, captif. Joinville. Comte d'Artois, tué à Mansourah. *Résultats.* Prise de Damiette.
1270. 7e CROISADE. A Tunis.	*Cause.* Vœu de saint Louis. *Chefs.* Saint Louis. Charles d'Anjou. *Résultat.* Mort de saint Louis, à Tunis.

RÉSULTATS.

Politiques.	Puissance du roi et des communes. Féodalité abaissée.
Commerciaux.	Gênes. Pise. Venise. Navigation. Commerce.
Littéraires.	Progrès des arts et des lettres au contact des Orientaux. Architecture arabe.

15

EMPIRE.

HAPSBOURG-AUTRICHE.	*Rodolphe d'Hapsbourg.*	Seigneur suisse d'Argovie. Conquête de l'Autriche.
	Albert d'Autriche.	Lutte contre Adolphe de Nassau. Révolte des Suisses. 1308.
LUXEMBOURG. 1308—1436.	*Henri VII.*	Conquérant de la Bohême.
	Louis V de Bavière.	Jean l'Aveugle tué à Crécy.
	Charles VI.	Bulle d'or, 1356. 7 électeurs.
	Venceslas l'Ivrogne.	
	Sigismond.	Concile de Constance, 1414. Jean Huss. Brûlé. Épouse Marie, fille de Louis de Hongrie.
HAPSBOURG-AUTRICHE. 1436.	*Albert II d'Autriche,*	
	Frédéric III.	Maximilien, son fils, épouse Marie de Bourgogne.

OBSERVATIONS. Rodolphe de Hapsbourg, en s'emparant de l'Autriche, que gardent ses successeurs, change le nom de sa maison. Albert II, en épousant la fille de Sigismond, réunit aux domaines de la maison de Hapsbourg la Bohême, et lui donne des droits sur la Hongrie.

16

ITALIE.

MILAN.	GÊNES ET PISE.	VENISE.
1200. Tête du parti guelfe. Les Della-Tore, podestats.	République depuis 888. Longue rivalité.	450. Refuge des habitants d'Aquilée. Doge, sénat, dix.
1295. Les Visconti, ducs.	1280. Ruine de Pise.	1204. 4e croisade. Comptoirs à Constantinople.
1447. François Sforza.	A Gênes, sénat, doge.	1350. Marino Faliero.
		1454. Traité de Lodi.

OBSERVATIONS. La quatrième croisade contribue puissamment à la grandeur de Venise. Deux causes précipitent la chute de cette république : la prise de Constantinople, 1453, et la découverte de la nouvelle route des Indes par Vasco de Gama, 1498.

ROME.

1309. Translation du Saint-Siége.
1376. Grand schisme.
Henri. République du Bon-État.
1414. Concile de Constance.
1449. Fin du grand schisme.
Avénement de Nicolas V.

Royaume des Deux-Siciles.

Normands. 1195.	*Robert Guiscard*, duc de Pouille. *Roger Ier*, roi de Sicile. *Roger II*, roi des Deux-Siciles. *Guillaume le Bon.* *Guillaume le Mauvais.* *Tancrède le Bâtard.*
Souabe. 1195-1250.	*Henri VI.* Constance, fille de Roger II. *Frédéric II.* *Mainfroi* tué à Bénévent.
Anjou. 1269-1435.	*Charles d'Anjou.* Bénévent. Tagliacozzo. Vêpres Siciliennes, 1282. *Charles II le Boiteux.* Traité d'Anagni. *Robert le Sage.* *Jeanne Ire*, femme d'André. *Charles Durazzo* de la maison d'Anjou. Hongrie. *Jeanne II.* Double testament.

17

FRANCE.

Observation. Depuis Louis VI, le Gros, les Capétiens, plus solidement affermis, commencent à poursuivre un double but, l'abaissement de la féodalité et de la puissance anglaise. Ils renoncent à la précaution de faire sacrer leur successeur.

Louis VI, le Gros. 1108.	*Lutte contre l'Angleterre.* Néaufle Brenneville. *Lutte contre les seigneurs.* Communes affranchies.

Louis VII, le Jeune. 1147.	Vitry. 2e croisade. Lutte contre Henri II. Thomas Becket protégé.
Philippe-Auguste. 1214.	3e croisade, 1195. Normandie, 2 fois prise. Bouvines, 1214. Albigeois. Muret, 1213.
Louis VIII, le Lion.	Albigeois.
Louis IX. 1248 - 1270.	Blanche de Castille. Traité de Meaux. Taillebourg. 6e croisade en Égypte. Établissements. Sorbonne. Vincennes. 7e et dernière croisade à Tunis.
Philippe III, le Hardi.	Expédition en Anjou et en Castille.
Philippe IV, le Bel. 1309. *Louis X. Philippe V. Charles IV. Jean I.*	Courtray. Mons en Puelle, 1300. Boniface VIII. Clément V. Templiers. Jacques de Molay. États généraux. Parlement.

ANGLETERRE.

Guillaume le Conquérant. Hastings, 1066.

Robert. Guillaume le Roux. Henri I.

Mathilde.	Combat Étienne de Boulogne.
Henri II.	Père : Geoffroi Plantagenet — Anjou. Mère : Mathilde — Angleterre et Normandie. Femme : Éléonore — Poitou et Guienne. Thomas Becket. Fils révoltés.
Richard Cœur de lion.	3e croisade. Captivité. Chalus.
Jean sans Terre.	*Bouvines*. 1214. Grande Charte, 1215.
Henri III.	Taillebourg. Simon de Montfort.
Édouard Ier.	Guerre en Écosse. Bruce. Wallace. Alliance avec la Flandre. Laines anglaises.
Édouard II.	Détrôné par Isabelle. Gaveston et Spencer.

18

BRANCHE DES VALOIS.

Philippe le Hardi.

Philippe IV le Bel. — Charles de Valois.

Isabelle. — *Louis X.* — *Philippe V.* — *Charles IV.* 1328. — *Philippe VI* de Valois.

Édouard III.

OBSERVATION. Charles IV, dernier des fils de Philippe le Bel, meurt, et avec lui s'éteignent les Capétiens directs. 2 héritiers : Philippe VI, de Valois, cousin du roi défunt ; Édouard III, roi d'Angleterre, son neveu. Celui-ci est plus proche d'un degré, mais il vient par les femmes. Les États généraux le repoussent en vertu de la loi salique, qui n'avait jamais été appliquée à la succession au trône, et dont on n'avait pas alors le texte.

De là la guerre de cent ans : Crécy, 1346. Poitiers, 1356. Azincourt, 1415.

1328. *Philippe VI.* Crécy, 1346.
Jean II, le Bon. Poitiers, 1356.

1364. *Charles V*, régent, puis roi.
- 3 dangers. Jacquerie. Étienne Marcel et Charles le Mauvais.
- Clisson et Duguesclin. Cocherel et Bretigny, 1360.
- Majorité des rois à 14 ans. Bibliothèque.

1415. 1420. *Charles VI.*
- *Minorité.* Bourgogne, Anjou, Berry. Maillotins.
- *Majorité.* Rosebecque sur Philippe Artevelde. Clisson assassiné forêt du Mans.
- *Folie.* 2 partis. Louis d'Orléans. Jean sans Peur. Armagnac. Dauphin. Azincourt, 1415. Traité de Troyes, 1420. Philippe le Bon.

2e Maison de Bourgogne.
Philippe le Hardi
Jean sans Peur.
Philippe le Bon.
Charles le Téméraire.

1422. *Charles VII.* Désastres : Roi de Bourges. Agnès Sorel. Orléans. — Jeanne d'Arc. Richemont. Dunois. Bordeaux pris sur les Anglais, 1453.
Praguerie (Hussites de Prague).

ANGLETERRE.

Édouard III, fils d'Édouard II. Crécy. Poitiers.

Prince Noir. — Clarence. — Lancastre. — York.

Richard II. révolte de Wat-Tyler.

Henri IV renverse Richard II, son cousin.
1415. *Henri V.* Azincourt, 1415. 2e de Troyes.
1453. *Henri VI.* Guerre des deux roses.

19

ESPAGNE.

ARABES.

1000. *Démembrement* par les Émirs.
1080. *Almoravides.* } Sectes fanatiques d'Afrique.
1147. *Almohades.* }

NAVARRE.

5 DYNASTIES. { *Aznar.* *Champagne.* *France.* *Évreux.* *Foix et Albret.*

CASTILLE.

comté, puis royaume.

1030. *Sanche le Grand*, roi de Navarre.
1085. *Alphonse VI.* { Henri de Bourgogne. Rodrigue de Bivar (Cid). Les Almoravides.

Maison de Bourgogne. { *Urraque*, épouse Raimond de Bourgogne. *Alphonse IX.* Tolosa, 1212. *Alphonse X.* Empereur, 1270. Institutions. *Pierre le Cruel.* Maria Padilla. Jeanne de Castro. Navarette. Duguesclin. Prince Noir.

Maison bâtarde de Bourgogne. { *Henri II* de Transtamarre. *Jean II.* — *Henri IV.* *Alphonse.* *Isabelle.*

ROYAUME DES ASTURIES.

711. Don Pélage. Longue lutte contre les Sarrasins.
1212. Réunion à la Castille.

ARAGON.

Aznar. Ramire le Moine.
Comtes de Barcelone. { Raimond Bérenger. 1212. Pèdre II. Tolosa. Jaime Ier. Baléares conquises. 1282. Pèdre III. Vêpres Sicil^{es}. 1295. Jaime II. Traité d'Anagni.
Castille. { Ferdinand le Juste. — Alphonse V. Jean II.

PORTUGAL.

comté, puis royaume.

1080. *Henri* de Bourgogne.
1139. *Alphonse Henrique*, roi.
Denis. Université de Lisbonne.
Alphonse IV fait périr Inès de Castro.
1360. *Pèdre le Cruel* ou le Justicier.

INSTITUTIONS.

L'Aragon et la Castille possèdent même avant l'Angleterre une représentation nationale (Cortès). La raison en est que les rois avaient besoin du peuple pour faire la guerre aux Maures.

20

ÉTATS SCANDINAVES.

SUÈDE, DANEMARCK, NORWÉGE.

Religion d'Odin. Northmans, Danois, Varègues.

Rois des 3 Pays.	*Suénon*, 1er roi chrétien. *Kanut* le Grand. *Kanut* le Saint.

DANEMARCK converti par Auschaire, 830. SUÈDE et NORWÉGE.

1182. *Waldemar I*. Copenhague.
Waldemar II. Roy. de Vandalie.
Waldemar III, père de Marguerite.
1379. *Marguerite*. Union de Calmar, 1397.
1448. *Christian I*. Rupture de l'Union.

Indelgèse I, roi chrétien.
S. Eric, législateur.
1279. *Waldemar* fonde Stockholm.
Albert de Mecklenbourg, déposé.
Marguerite épous. d'Haquin VII.
Charles Canutson, élu roi.

ÉTATS SLAVES.

RUSSIE.

duché, puis empire.

3 cap. : Novogorod, Kiew, Moscou.
880. *Rurick*, chef de Varègues. Novogorod, cap.
Igor. Kiew.
Olga. Sainte-Hélène.
II. Waldemir I, duc chrétien.
1250. *Jouri* fonde Moscou.

DOMINATION MONGOLE.

1461. *Ivan III* chasse les Mongols.

POLOGNE.

duché, puis royaume.

840. *Piast*, duc.
992. *Boleslas I*, roi.
1042. *Casimir I*, moine à Cluny.
Casimir III, le Grand.
1370. Fin des Piast.

HONGRIE.

duché, puis royaume.

Ongres Madjares du Volga.

DYNASTIE D'ASPAD.	*Aspad*, duc. *Vaic*, St-Étienne, roi, 996. *Déla I*. *Ojeisa I*. *André*. 6e croisade. *André III*, dernier des Aspad.

POLOGNE.

MAISON D'ANJOU.	*Louis le Grand*, aussi roi de Hongrie. *Edwige* et *Jagellon* de Lithuanie.
JAGELLONS. 1382-1573.	*Uladislas V*, Jagellon. 1382. *Uladislas VI*, Varna. 1444. *Sigismond Ier*. Couronne élective.

HONGRIE.

ANJOU. 1370-82.	*Carobert*. *Louis le Grand*. *Marie*, épouse Sigismond de Luz.
AUTRICHE.	*Albert II*, gendre de Sigismond. *Ladislas le Posthume*, pupille de *Uladislas VI*, Jagellon. Warna.
LUTTE contre L'AUTRICHE.	*Mathias Corvin* prend Vienne. *Louis II*, Jagellon, tué à Mohacz. 1526. *Jean Zapoli*.

21

EMPIRE GREC.

1204. EMPIRE LATIN. 57 ans. 1261.	*Baudouin*, comte de Flandre. *Pierre de Courtenay*. *Jean de Brienne*. *Baudouin II*.	Lutte contre les Bulgares et les Grecs.

PALÉOLOGUES. 1261-1453.	*Michel Paléologue* rétablit l'empire grec. *Andronic l'Ancien.* *Andronic le Jeune.* *Manuel II Paléologue*, 1402. *Constantin XII Dragasès.* Prise de Constantinople.

TURCS OTTOMANS.

Othman.
Amurat Ier. Janissaires.
1402. *Bajazet Ier.* Nicopolis. Ancyre, 1402.
Amurat II. Warna, 1444.
1453. *Mahomet II.* Constantinople.

Deux hommes, Jean Huniade et Scanderberg, arrêtèrent la puissance des Turcs.

MONGOLS.

Originaires du nord de la Chine.

2 CHEFS CÉLÈBRES.	*Gengiskan*, 1230. Asie centrale. Russie. *Tamerlan*, 1402. Ancyre. Asie occidentale. Inde.

A Delhy règnent encore les grands Mogols, fantômes de prince, tributaires des Anglais.

22

ARTS, LITTÉRATURE, COMMERCE.

ARTS.	Architecture romane, puis gothique; peinture à l'huile par Van Eick, ou Jean de Bruges.	
LETTRES.	3 langues au moyen âge en Europe.	Romane. Slave. Tudesque.

Langue romane.

Langue d'Oil.	*Langue d'Oc.*
Provinces du Nord. Trouvères.	Midi, Espagne, Italie. Troubadours.

ENSEIGNEMENT des ÉCOLES.	*Trivium.*	Grammaire, rhétorique, dialectique.
	Quadrivium.	Arithmétique, géométrie. Astronomie, musique.

COMMERCE.
- *Hanse : Brême, Hambourg, Lubeck.*
- *Gênes*, dans la Crimée. *Pise* avec le Levant. *Venise.*
- *Lombards*; foires de Champagne.
- La Flandre, seul pays manufacturier; elle fabrique : toiles, cuirs, draps.

HISTOIRE MODERNE.

23

Étendue. 1453-1789.

3 époques.
- Prise de Constantinople. La réforme, 1517.
- Paix de Westphalie, 1648.
- Paix de Westphalie. États généraux, 1789.

États principaux.
- France et Angleterre.
- Allemagne et Espagne.
- Turquie. Russie (États nouveaux).

3 *découvertes.* Boussole. Poudre à canon. Imprimerie.

24

ÉTATS SLAVES.

POLOGNE.

1572. *Henri de Valois.*
Étienne Bathory.
1668. *Jean Casimir V* se retire à Paris, à Saint-Germain.
1686. *Jean Sobieski.* Vienne délivrée.

RUSSIE.

1461. *Ivan III.* Mongols chassés.
1550. *Ivan IV* le Terrible. Sibérie. Astrakan. Strelitz. Kremlin. Imprimerie.

1598. *Fœdor* et *Dmitry*. Fin de la dynastie de Rurick.

Anarchie. { Boris Godunow. Outrepiew. Chiouski.

1613. MAISON de ROMANOW. { *Michel Romanow*. Élu par les Boyards. *Alexis*. Conquête sur la Pologne. *Fœdor*. Galitzin. Titres de noblesse brûlés. Sophie. Ivan V. Pierre le Grand.

ÉTATS SCANDINAVES.

DANEMARK.	1448.	SUÈDE.
Christian Ier d'Oldenbourg.	UNION DE CALMAR rompue.	*Canutson*, roi.
	Jean II. Union de Calmar rétablie.	
Christian II, le Néron du Nord. Maître de la Suède après la mort de Sténon Sture. Déposé, 1528.		*Sténon Sture*, administrateur. *Sténon Sture II*, administrateur. *Gustave Wasa*. Réforme.
Frédéric Ier de Holstein. Luthérianisme.		*Éric XIV*. *Jean III*. *Charles IX*.
Christian III.		*Gust. Adolphe.*
Frédéric VI.		Leipsig, Lutzen, 1632.
Christian IV. *Paix de Westphalie.*		1648. *Christine*. Descartes. Grotius. Monaldeschi.
Frédéric III. Guerre contre la Suède. Pouvoir absolu.		
Christian V. Traité de Lunden, 1679. Fin de la guerre avec la Suède.		1654. *Charles X*. Prince des Deux-Ponts, cousin de Christine.
		1697. *Charles XI*. Pouvoir absolu. Médiateur à Riswick.

25

TURQUIE.

1453. *Mahomet II*. Constantinople. Scanderberg. Jean Huniade.
1495. *Bajazet Ier*. Zizim.
Sélim Ier. Perse. Syrie. Égypte.
1529. *Soliman II*, le Magnifique. Rhodes. Villiers de l'Ile-Adam. Kaïr-Eddin. Vienne, 1529.
1572. *Amurat II*. Meurtre de Bajazet.
1687. *Mahomet IV*. Crimée, Morée perdues.

1699. *Mustapha II.* Paix de Carlowitz.
1572. Couronne élective en Pologne. Lépante. St-Barthélemy.

26

PUISSANCE DE CHARLES-QUINT.

Ferdinand le Catholique. Aragon, Navarre, Naples.	*Isabelle.* Grenade, Castille, Amérique.	*Maximilien.* Autriche, Empire.	*Marie de Bourg.* Pays-Bas, Franche-Comté.
Jeanne la Folle.		*Philippe le Beau.*	
Charles Ier ou V.			

1492. Amérique découverte. Grenade prise.

L'inquisition (tribunal religieux créé au XIIIe siècle par saint Dominique) devient en Espagne un tribunal politique.[1]

Ximénès, ministre en Castille.

27

DÉCOUVERTES.

	PORTUGAIS.	ESPAGNOLS.
Jean II.	1419. Madère. 1486. Cap des Tourmentes. Barthélemy Diaz.	1519. Mexique, Cortez. 1532. Pérou, Pizarre.
Emmanuel le Fortuné.	1498. Indes. Vasco de Gama. 1500. Brésil. Alvarez Cabral. Vice-rois des Indes. Albuquerque. Ataïde. Almeïda.	

Sébastien tué à Alcazar Quivir, 1578.
Henri. 1580. Portugal conquis par l'Espagne.

[1] C'est aux frais et au profit de la Castille seule que Colomb entreprend son expédition.

28

GUERRE DES DEUX ROSES.

CAUSES.
1° *Droits* de Richard d'York, venant de Clarence par les femmes.
2° *Désastres d'Henri VI* en France, et impopularité de Marguerite d'Anjou.

Edouard III.

Prince Noir. — Clarence. — *Lancastre.* — *York.*

Richard II. (fils du Prince Noir)

Lancastre : *Henri IV.* — *Henri V.* — *Henri VI.*

York : *Richard.* Vainqueur à St-Albans. Tué à Vakefield.

1453.

GUERRE DES 2 ROSES. 1453-1485.

Henri VI. *Richard.*

Edouard IV. Élevé, puis renversé par Warwick. Victoire sur Marguerite à Barnet.

Edouard V—duc d'York.

Richard III, duc de Glocester, frère d'Édouard IV, meurtrier. Bosworth.

Résultat. 1° La noblesse anglaise décimée.
2° Le despotisme des Tudors.

ÉCOSSE.

1300. Bruce et Baillol se disputent le trône.
Wallace lutte contre Édouard Ier.
Robert Bruce chef de la maison des Stuarts, 1329.
Jacques IV épouse Marguerite Tudor. — Flowden, 1509.
Jacques V épouse Marie de Lorraine.
Marie Stuart. François II. Darnley, Bothwell. Réforme prêchée par Knox.
Jacques VI, aussi roi d'Angleterre, descendant de Marguerite Tudor.

(Lutte contre les seigneurs.)

29, 30, 31

FRANCE.

LOUIS XI.	*Lutte contre la féodalité.* 1461-1473.	Ligue du Bien Public. Montlhéry. Traités de Conflans et de St-Maur. Entrevue et traité de Péronne.	
	Louis occupe Charles le Téméraire et abat les seigneurs. 1473-1477.	Nemours, Armagnac. St-Pol décapité. Alençon, La Balue emprisonnés.	Granson. Morat. Nancy, 1477.
	Partage de la succession de Bourgogne. 1477-83.	Bourgogne et Artois réunis. Roussillon, Anjou, Maine, Provence achetés. Parlement de Bordeaux, Grenoble, Dijon. Postes. Plessis-lès-Tours.	
CHARLES VIII.	*Régence d'Anne de Beaujeu.*	Révolte du duc d'Orléans. St-Aubin de Cormier. Charles VIII épouse Anne de Bretagne.	

EXPÉDITIONS D'ITALIE.

Avec Charles VIII commencent les guerres d'Italie. Les rois de France ont des droits sur Naples et sur Milan : sur Naples, comme héritiers de René d'Anjou; sur Milan, à partir de Louis XII, comme représentants de Valentine Visconti.

4 ÉTATS DOMINANTS. 1495. Trois sont conjurés contre Milan.	*Milan.* Ludovic Sforza, usurpateur. *Venise* convoite le Milanais. *Rome.* Alexandre VI. César Borgia. Vues sur Milan. *Naples.* Branche d'Aragon hostile à Ludovic.

Charles VIII. 1483-1498.	Ambassade de Ludovic. Entrée à Naples. Fornoue. 8,000 Français contre 40,000 Italiens.
Louis XII. 1498-1515.	*Conquête* de Milan. *Conquête* de Naples. *Ligue* de Cambrai contre Venise. Agnadel. *Sainte-Ligue* contre Louis XII. Ravenne, Novarre, Guinegatte. 3 femmes : Jeanne de France, Anne de Bretagne, Marie d'Angleterre. Cardinal d'Amboise, ministre.

François Ier. 1515-1547.

- 1515. Marignan. Concordat.
- 1519. Rivalité avec Charles V.
- 1re expédition. Lautrec. La Bicoque.
- 2e expédition. Bonnivet, Bayard, Biagrasso, Rébecque.
- 1525. *Pavie. Traité de Madrid*, 1526.
  - 1re guerre. Lautrec à Naples. Sac de Rome. Paix de Cambrai ou des Dames.
  - 2e guerre. Alliance avec Soliman et les protestants. Cérizoles. Nice. Paix de Crépy.
- 1547. *Mort de François Ier.*
- Louise de Savoie, mère du roi.
- Claude de France, fille de Louis XII, sa femme.
- Chancelier Duprat, ministre.

3 faits l'an 1547 : Mort de François Ier. Mort d'Henri VIII. Bataille de Muhlberg.

Henri II. 1547-1559.

- *Lutte contre Charles V.* — Metz, Toul, Verdun pris. Renti. Abdication de Charles V.
- *Lutte contre Philippe II.* — St-Quentin. Calais pris aux Anglais par François de Guise.
- Paix de *Câteau-Cambrésis*, 1559.

ALLEMAGNE.

MAISON D'AUTRICHE.

- *Rodolphe de Hapsbourg.* — Seigneur du canton d'Argovie. Autriche conquise.
- *Albert d'Autriche.* — Tué en marchant contre les Suisses, 1308.
- *Albert II.* 1438. — En épousant la fille de Sigismond acquiert des droits sur la Bohême et la Hongrie.
- *Maximilien.* — Pays-Bas, Franche-Comté.
- *Charles V.* — Espagne et Italie laissées à son fils Philippe II avec les Pays-Bas.
- *Ferdinand Ier.* — Frère de Charles V. Moravie, Hongrie, Bohême.

Ligue Hanséatique.

- Brême. Hambourg. Lubeck.
- Dissoute vers la fin du XVIe siècle.

Ligue Helvétique.

- 3 cantons d'abord : Uri, Schwitz, Unterwald.
- 13 en 1518.
- L'indépendance de la Suisse reconnue en 1648. Paix de Vestphalie.

32

RÉFORME.

1517.

3 CAUSES.	Corruption du clergé. Développement de l'esprit d'examen. Ambition des princes.
MAXIMILIEN.	1517. Luther attaque: Indulgences. Autorité du pape. Confession auriculaire. Eucharistie. Célibat.
CHARLES V. 1519-1556.	1521. *Diète de Worms.* Condamne Luther. Wartbourg. 1529. *Diète de Spire.* Les Luthériens *protestants.* 1530. *Diète d'Augsbourg.* Confession par Mélanchthon. Anabaptistes. Sectateurs de Carlostadt. Ligues de Dessau (cathol.) et de Smalkalde (prot.). 1547. *Muhlberg.* 1545. Maurice de Saxe surprend Charles V. *Paix d'Augsbourg.* (Liberté de conscience.) 1556. Abdication de Charles V. Il se retira au monastère de Saint-Just. Mort, 1558.
Ferdinand I. *Maximilien II.* *Rodolphe.* *Mathias.*	Les deux partis en présence.

33

TUDORS.

Henri VII.

Marie. — Marguerite ép. Jacq. IV, d'Écosse. — *Henri VIII.*

Édouard VI. M. Tudor. Élisabeth.

Marie. | *Jeanne Gray.*

Marguerite | Jacq. V, Stuart, roi d'Écosse. | *Marie Stuart.* | *Jacques Ier* comme roi d'Angleterre, VI comme roi d'Écosse.

Des deux filles de Henri VII descendent Jeanne Gray et Marie Stuart. A la mort d'Édouard VI, ces princesses sont appelées à la couronne, un acte du parlement ayant déclaré les filles de Henri VII inhabiles à succéder.

Règne des Tudors.	1485.	*Henri VII.*	Bosworth. Lambert Simnel. Perkins Warbeck.	
	1509-1547.	*Henri VIII.*	6 femmes : Catherine. Anne de Boleyn. Je Seymour. — Marie Tudor. Élisabeth. Édouard VI. Réforme anglicane. Presbytériens et catholiques persécutés. *Politique d'équilibre. Camp du Drap d'Or.*	
		Edouard VI.	Progrès de la réforme. Northumberland.	
		Marie Tudor.	Supplice de Jeanne Gray. Protestants persécutés.	Philippe II. Calais.
		Élisabeth.	Progrès de l'anglicanisme. Supplice de Marie Stuart.	Lutte contre Philippe II. Invincible armada. Secours aux Hollandais et à Henri IV.
	1603.		*Fin des Tudors.*	

34

ANGLETERRE.

4 STUARTS. 1603-1688.	*Jacques Ier.*	Union de l'Angleterre et de l'Écosse. Conspiration des poudres. Buckingham.
	Charles Ier. Charles II. Jacques II. Henriette d'Angleterre.	Henriette de France. La Rochelle, 1628. Buckingham. Expéditions d'Irlande et d'Écosse. RÉVOLUTION RELIGIEUSE ET POLITIQUE. *Causes.* Henriette, catholique. Presbytériens persécutés. Despotisme des Tudors impossible. *Chefs.* Essex. Fairfax. Cromwell. Marston Moore. Naseby. 1649. MORT DE CHARLES Ier.
	O. Cromwell. protecteur.	Dumbar. Worcester. Bat. des Dunes. Jamaïque, Dunkerque conquises.
	R. Cromwell.	Abdique après deux ans. 1660. RESTAURATION.
	Charles II.	La Cabale. Alliance de Louis XIV. Wighs et Torys. Habeas corpus.
	Jacques II.	Catholique. Supplice de Monmouth. Covenant. Persécutions religieuses. 1688. DEUXIÈME RÉVOLUTION D'ANGLETERRE.
ORANGE-STUART. 1688-1713.	*Guillaume III.* 1685-1702.	Petit-fils de Jacques Ier, gendre de Jacques II. Stathouder et roi d'Angleterre. Guerre contre la France. Riswick, 1697.
	Anne Stuart.	2e fille de Jacques II. Guerre de la succession d'Espagne; Utrecht, 1713.

BRUNSWICK-HANOVRE. 1713. — Nos jours.	*Georges Ier*. Électeur de Hanovre, descend de Jacques Ier par les femmes. Robert Walpole. *Georges II*. Guerre de la succession d'Autriche. Dettingen. Fontenoy. *Georges III*. Guerre de 7 ans. Paix de Paris, 1763. Guerre d'Amérique. Pitt. Paix de Versailles, 1783. Lutte contre la révolution. *Georges IV*. 1820-1830. — Le régent. Paix de Vienne, 1815. *Guillaume IV*.

35

RÉFORME EN FRANCE.

François Ier. 1515-1547.	*Calvin*. Né à Noyon, 1509. Genève. Servet. Diffère de Luther en 2 points. — Prédestination. Transsubstantiation. Hésitation de François Ier. Vaudois (Valdus).
Henri II. 1547-1559.	Auto-da-fé. Anne du Bourg.
François II. 1559-1560.	Conjuration d'Amboise.
Charles IX. 1560-1574.	RÉGENCE DE CATHERINE de Médicis. L'Hôpital. Colloque de Poissy. Vassy. *3 guerres avant la Saint-Barthélemy.* *Dreux*. Guise sur Coligny et Condé. Orléans. Paix d'Amboise. *Saint-Denis*. Montmorency sur Coligny et Condé. Paix de Longjumeau. Boiteux. *Jarnac, Moncontour*. Henri d'Anjou sur Coligny et Condé, 1570. Paix de Saint-Germain. 1572. SAINT-BARTHÉLEMY. Siége de la Rochelle.

36

3 *Partis.*

Ligue.	*Politique.*	*Protestants.*
Henri de Guise.	Henri III.	Henri de Navarre.

Henri III. 1574-89.	Guerre des 3 Henri. Coutras. Barricades. États de Blois. Henri de Guise assassiné. Siége de Paris. Henri III. Jacques Clément.

Fin des Valois.

37

RÉFORME DANS LES PAYS-BAS.

CHARLES V.	Grande tolérance.
GOUVERNEURS *sous* PHILIPPE II.	*Marguerite de Parme.* Fille naturelle de Charles V. Granville. *Duc d'Albe.* Conseil des troubles. D'Egmont. *Réquesens.* Progrès de Guillaume de Nassau. *Don Juan d'Autriche.* Succès. Empoisonné. *Alexandre Farnèse.* Prise d'Anvers. Siége de Paris.

Les Provinces-Unies indépendantes de fait depuis 1579 (union d'Utrecht), sont reconnues en 1648 par le traité de Westphalie.

STATHOUDERS.

Guillaume de Nassau le Taciturne.

Maurice. — *Henri.*

Guillaume II.

1650-1672. Stathouders remplacés par les États-Généraux.

Les provinces belges restées catholiques demeurent soumises à l'Espagne jusqu'à la paix d'Utrecht.

38

GUERRE DE 30 ANS. 1618-1648.

Causes. 1° Violations nombreuses de la paix d'Augsbourg.
2° Liberté de conscience refusée par Ferdinand aux hussites.

4 PÉRIODES. 1618-1648.		
	Palatine.	Défénestration de Prague. Frédéric, électeur palatin, chef des hussites. Tilly.
	Danoise.	Tilly, vainqueur à Lutter. Christian IV.
	Suédoise.	Gustave Adolphe, allié de Richelieu. Leipsig. Lutzen, 1632. Tilly. Walstein.
	Française.	Rocroy. Fribourg. Nordlingen. Lens. (Condé. Condé, Turenne. Condé, Turenne. Condé.)

Pour l'empire. Tilly. Walstein. Piccolomini. Merci.

Contre l'empire. Gustave Adolphe. Éric. Banner. Tortenson. Bernard de Weymar. Condé. Turenne.

Paix de Westphalie ou *de Munster.*
- Aux protestants sans liberté de conscience.
- A la France. Alsace.
- A la Suède. Poméranie.

39

RENAISSANCE.

Italie et France.

XVIe siècle.

3 *Causes.*
- Prise de Constantinople. Grecs fugitifs en Italie.
- Influence de Léon X et de François Ier.
- Guerres d'Italie.

ITALIE.

Erudits. Politien. Vida. Bembo.

Historiens. Machiavel. *Histoire de Florence. Le Prince.* Guichardin. *Guerres d'Italie.*

4 Poëtes Italiens. (La langue italienne créée avec Dante.)
- Dante. La Divine Comédie.
- Pétrarque. Sonnets.
- L'Arioste. Roland furieux.
- Le Tasse. Jérusalem.

Peintres et architectes.
- Michel-Ange. St-Pierre de Rome.
- Raphaël. Vierges.
- Titien. Vierge.
- Paul Véronèse. La Cène.
- Primatice. } Fontainebleau.
- Léonard de Vinci. } Fontainebleau.

FRANCE.

Erudits. Dubellay. Budée. Etienne. Rabelais. Cujas.

Historiens. Brantôme. Amiot. Montluc. De Thou.

Poëtes.
- Marguerite de Navarre. Nouvelles.
- Marot. Psaumes.
- Ronsard. Sonnets.
- Régnier. Satires.
- La Pléiade.

Sculpteurs. Jean Cousin. Jean Goujon.

L'Anglais *Shakspeare :* Théâtres.
L'Espagnol *Cervantes :* Don Quichotte.
Le Portugais *Camoëns :* La Lusiade.

40

ESPAGNE.

Maison d'Autriche Espagnole.

	Intérieur.	*Extérieur.*
PHILIPPE II. 1556-1598. Espagne, Amérique, Potugal, Naples, Milan, Pays-Bas.	3 femmes. { Marie de Portugal. Marie Tudor. Isabelle de France.	Lutte sans succès contre Élisabeth, Henri IV et les Hollandais.
		Invincible armada.
		Portugal conquis, 1580.
	2 traités avec la France.	{ Câteau-Cambrésis, 1559. Vervins, 1598.

PHILIPPE III. *Lerme.* Expulsion des Maures.

PHILIPPE IV. { *Olivarès.* Révolte du Portugal, 1640, de Naples. Paix des Pyrénées, 1659.

CHARLES II. { Traités d'Aix-la-Chapelle, 1668. Nimègue, 1678. Riswick, 1697.

41

FRANCE.

MAISON DE BOURBON.

Descendant du 5e fils de Saint-Louis.

Antoine de Bourbon, Jeanne d'Albret.

Henri IV.

Gaston d'Orléans. *Louis XIII.* Henriette de France.

Mad. de Montpensier. Ph. d'Orléans. *Louis XIV.* H. d'Angleterre. Charles II. Jacques II.

Régent. Dauphin.

Duc de Bourgogne. Philippe V.

Louis XV.

Dauphin.

Louis XVI. Louis XVIII. Charles X.

HENRI IV. 1589-1610. {
1er siége de Paris. Henri III assassiné.
Arques et Ivry sur Mayenne.
2e siége de Paris. Alexandre Farnèse.
1594. Abjuration. Entrée à Paris.
1598. Vervins. Édit de Nantes.
Sully. Projets contre l'Espagne.
3 assassins : Barrière. Châtel. Ravaillac.
2 femmes : Marguerite de Valois. Marie de Médicis.

LOUIS XIII. 1610-1643. {
RÉGENCE DE MARIE DE MÉDICIS. *Concini.*
DE LUYNES. Connétable. Siége de Montauban.
RICHELIEU. {
Abaissement de la noblesse. Chalais. Montmorency. Duels défendus.
Abaissement des protestants. La Rochelle.
Abaissement de la maison d'Autriche. Guerre de 30 ans.

Académie, 1636. — Palais Cardinal.

42 ET 43

	RÉGENCE D'ANNE D'AUTRICHE. *Mazarin.*	*Guerre de trente ans*; 1648. ***Paix de Westphalie.*** Rocroy, Fribourg, Nordlingen, Lens. *Guerre contre l'Espagne*; 1659. ***Paix des Pyrénées.*** Dunes par Turenne et Condé.
	Fouquet. *Colbert* et *Letellier.*	*Guerre de Flandre*; 1668. *Paix-d'Aix-la-Chapelle* en vertu du droit de dévolution. *Guerre de Hollande*; 1678. ***Paix de Nimègue.*** Passage du Rhin, Senef, Salsback.
LOUIS XIV. 1643-1715.	*Seignelay*, *Louvois.*	1688. RÉVOLUTION D'ANGLETERRE. *Guerre contre Guillaume III*; 1697. *Riswick.* Fleurus, Steinkerque, Nerwinde, La Hogue; maréchal de Luxembourg.
	Barbezieux.	*Guerre de la succession d'Espagne.* Revers. { Oudenarde et Ramillies. Hochstedt. Tallart. Turin. Duc d'Orléans.
	Chamillart.	1709. Malplaquet. Villars. Succès. { Villa-Viciosa. Vendôme et Berwick. Almanza. Mort de François Ier. *Paix d'Utrecht*, 1713. Denain. Villars sur Eugène. *Paix de Rastadt*, 1714.

Louis XIV épousa 2 femmes : Marie-Thérèse d'Autriche, fille de Philippe IV, roi d'Espagne, et madame de Maintenon, fille de Constant d'Aubigné, veuve du cul-de-jatte Scarron.

Versailles fondé. Manufacture des Gobelins. Académie des sciences, Académie royale de musique.

44

LITTÉRATURE.

Malherbe donne des règles à la poésie, *Balzac* à la prose.

Hôtel de Rambouillet.

1656. PROVINCIALES. PROSE FIXÉE.

Querelle des anciens et des modernes.

Jansénistes et molinistes,
d'où
Port-Royal et les jésuites.

Architectes. { *Mansard.* *Lenôtre.* *Claude Perrault.* Louvre.

Peintres. { *Poussin.* *Lesueur.* *Lebrun.* *Mignard.*

Sculpteurs. { Coisevox. Puget. Girardon.

Musicien. | Lulli.

45

LOUIS XV. 1715-1774.

Régence du duc d'Orléans.	*Intérieur.*	*Extérieur.*
	Conspiration de Cellamare.	Triple et quadruple alliance.
Dubois.	Law.	
Bourbon.	Louis XV épouse Marie Leczinska.	
Fleury.	GUERRE DE POLOGNE.	*Traité de Vienne*, 1738. Auguste II, roi de Pologne. Stanislas, duc de Lorraine. François, duc de Toscane. Don Carlos, roi de Naples.
Choiseul.	GUERRE DE LA SUCCESSION D'AUTRICHE.	*Traité d'Aix-la-Chapelle*, 1748. Prusse, France, Espagne, contre l'Autriche et l'Angleterre. *Allemagne.* Prague. Dettingen. *Pays-Bas.* Fontenoy. Raucoux. Laufeld. Maréchal de Saxe sur les Anglais.
	GUERRE DE 7 ANS.	*Traité de Paris*, 1763. France et Autriche contre Prusse et Angleterre. Soubise battu à Rosbach par le grand Frédéric. Richelieu. Victoires de Clostercamp, Cloctersevern. Port Mahon.
Maupeou.		Canada cédé aux Anglais, Louisiane aux Espagnols.

Maupeou lutte contre les parlements.

OBSERVATIONS. Réunion de la Corse et de la Lorraine.
Damiens attente à la vie du roi.
Expulsion des jésuites par Clément XIV.

46

COLONIES.

	ESPAGNE.	PORTUGAL.	HOLLANDE.	FRANCE.	ANGLETERRE.
XVe siècle.	1492. Guanahani ou San Salvador, Cuba, Porto-Rico, Jamaïque, découverts par Colomb.	1419. Madère. 1498. Indes, par Vasco de Gama.	Commerce de transit entre Lisbonne et les États du Nord.		
XVIe siècle.	1500. Continent, par Améric Vespuce. 1519. Mexique. 1531. Pérou.	1500. Brésil, par Cabral. Indes perdues lors de la conquête du Portugal par Philippe II, 1580-1640.	La conquête du Portugal par Philippe II, fermant Lisbonne aux Hollandais, les jette dans des entreprises lointaines. Compagnie des pays lointains.	François Ier. { Canada, colonisé par Jacques Cartier.	
XVIIe siècle.	Possessions Espagnoles, divisées en 4 vice-royautés.	1640. Le Brésil grandit sous la maison de Bragance.	Compagnie des Indes occidentales. Curaçao, Guyane. Cap de Bonne-Espérance, 1650.	*Colbert.* { Guadeloupe. Martinique. Saint-Domingue. Boucaniers. Compagnie des Indes Orientales. Louisiane et Guyane.	1602. Comp. des Indes, créée par Elisabeth. 1603-88. Amérique du Nord, peuplée par des presbytériens proscrits. 1662. Bombay, dot de l'infante de Portugal, femme de Charles II.
XVIIIe siècle.	Plata, convertie par les jésuites. *Paix de Paris*, 1763. { Floride perdue. Louisiane acquise de la France.		La Hollande occupée par les Français, 1795-1814. *Cap* et *Iles de la Sonde* pris par les Anglais. *Iles* rendues en 1814.	*Guerre de 7 ans.* { Dupleix. Labourdonnaie. Lalli. Montcalm au Canada. Paix de Paris, 1763. Canada, Sénégal et Louisiane perdus.	*Paix de Paris*, 1763. { Canada et Portugal, conquis sur la France. Floride, sur l'Espagne. *Paix de Versailles*, 1783. { Indépendance des Etats-Unis. Progrès dans les Indes. Cap.

47

EMPIRE.

Toujours électif, mais fixé dès 1438 dans la maison d'Autriche.

1555.	*Ferdinand Ier*, frère de Charles V.
	Maximilien II.
	Rodolphe. Mathias.
MAISON D'AUTRICHE.	*Ferdinand II.* Guerre de 30 ans, 1618-1648.
	Léopold. Lutte contre Louis XIV. Nimègue et Riswick.
	Joseph Ier. Guerre de la succession d'Espagne.
1740.	*Charles VI* succède à son frère Joseph Ier. Paix de Rastadt, 1714.
	Pragmatique sanction.
	Charles VII de Bavière. Guerre de la succession d'Autriche.
	Marie-Thérèse et François Ier de Lorraine. Dévouement des Hongrois. Paix d'Aix-la-Chapelle, 1748.
MAISON de LORRAINE-AUTRICHE.	*Joseph II.* Réformes. Expulsion des Jésuites.
	Leopold.
	François II. Guerres de l'empire.

L'empire d'Allemagne cesse d'exister en 1806 par l'abdication de François II, qui prend le titre d'empereur d'Autriche.

48

PRUSSE.

Duché, puis royaume.

1415. *Frédéric de Hohenzollern* achète de l'empereur Sigismond l'électorat de Brandebourg.

1525. *Albert de Brandebourg*, grand maître de l'ordre teutonique, sécularise la Prusse.
1701. *Frédéric Ier* reconnu roi par l'empereur Léopold.
1714-1740 *Frédéric Guillaume* crée une armée et des finances.
1740-1786. *Frédéric III le Grand.* Conquête de la Silésie.

RUSSIE.

1689-1796.

Michel Romanow.
Alexis.
Fédor. Ivan V. Pierre le Grand.
1689-1725.
Alexis mis à mort.
Pierre II.

PIERRE Ier LE GRAND.
- Par la mort de Fœdor et d'Ivan, Pierre le Grand règne seul.
- Voyages avec Lefort en Hollande, en Angleterre. Strélitz détruits.
- *Guerre du Nord.* Russie, Danemarck, Pologne contre Charles XII.
- Narva. 8,000 Suédois sur 80,000 Russes.
- 1709. Pultava. Pierre le Grand sur Charles XII.
- *Guerre contre les Turcs.* Catherine sauve l'armée.
- Second voyage; en France à la cour du régent.
- Livonie, Esthonie, Finlande, Azof conquis.
- St-Pétersbourg fondé; armée, commerce, administration créés.

CATHERINE Ire. Femme de Pierre le Grand. Menzikoff.

PIERRE II. Fils d'Alexis. Faveur de Dolgorouki. Exil de Menzikoff.

ANNE IVANOUNA. Nièce de Pierre le Grand. Biren, favori.

IVAN VI. Neveu d'Anne, empereur au berceau.

ÉLISABETH. Fille de Pierre le Grand. Guerre de 7 ans contre le grand Frédéric, et intervention de la Russie dans les affaires d'Occident.

PIERRE III. De Holstein, fils d'un prince allemand et d'une sœur de l'impératrice Élisabeth. Son engouement pour la Prusse. Étranglé par Sophie d'Anhalt, sa femme.

CATHERINE II. Meurtre de Pierre III et d'Ivan VI.
Crimée enlevée aux Turcs. Bataille navale de Tchesmé.
Pologne 2 fois partagée avec la Prusse et l'Autriche.

Poniatowski, Orlof, Potemkin. Correspondance avec Voltaire, d'Alembert, Diderot.

SUÈDE.

CHARLES XI. Pouvoir absolu établi en Suède.

CHARLES XII. Guerre du Nord. Narva, Pultava, 1709.
1687-1718. Captivité à Bender, en Turquie.
Projets concertés avec Alberoni contre l'Angleterre.
Tué au siége de Frédéricshal.

ULRIQUE ÉLÉONORE. Sœur de Charles XII, associé à la couronne de Frédéric de Hesse, son époux.

POLOGNE.

Couronne élective de 1572.

AUGUSTE II. Stanislas Leczinski, compétiteur.
Guerre du Nord. Alliance avec Pierre le Grand contre Charles XII.

1736-63. Stanislas Leczinski devenu beau-père de Louis XV.

STANISLAS Poniatowski, roi par l'influence de Catherine II, abdique en 1792. 2e partage.

49

Europe au XVIIIe siècle.

MAISON de BRUNSWICK-HANOVRE.

GEORGES Ier descend d'Anne, fille de Jacques Ier. Robert Walpole. Triple et quadruple alliance.

GEORGES II. Guerre de la succession d'Autriche. Tentative de Ch. Édouard, petit-fils de Jacques II, 1745.

GEORGES III. Guerre de 7 ans. Paix de Paris. 1763. Guerre de l'Indépendance américaine. Versailles, 1783. Les 2 Pitt.

PORTUGAL.	ESPAGNE.
JOSEPH Ier. *Pombal*, ministre. Jésuites chassés.	1700. PHILIPPE V. Petit-fils de Louis XIV. Alberoni. Élisabeth Farnèse. Don Carlos à Naples. Abdication en faveur de Louis Ier.
	LOUIS Ier.
	PHILIPPE V (*iterùm*).
	FERDINAND VI.
	1756. CHARLES III. Fils de Philippe et d'Élisabeth Farnèse, déjà roi de Naples. Ministère d'Aranda. Pacte de famille. Jésuites chassés.

DEUX-SICILES.

La paix d'Utrecht, 1713, les donne à la maison d'Autriche allemande. La paix de Vienne, 1738, les fait passer à un fils de Philippe V et d'Elisabeth Farnèse, Don Carlos ou Charles III.

CHARLES III — Bitonto sur les Autrichiens. Paix de Vienne, 1738. Abdique pour régner en Espagne.

CHARLES IV. roi d'Espagne. — FERDINAND Ier 1756-1824.

Les jésuites chassés de France, d'Allemagne, d'Espagne, de Portugal, de Naples; abolis par Clément XIV. Royaumes nouveaux au XVIIIe siècle : Naples, Prusse, Savoie.

50

LETTRES ET ARTS.

La première partie du XVIIIe siècle toute littéraire, la seconde, philosophique. L'esprit des lois, 1748, et l'encyclopédie, 1751, marquent la transition.

3 noms dominants : VOLTAIRE, ROUSSEAU, MONTESQUIEU.

VOLTAIRE né à Châtenay 1694, mort à Paris 1778. Séjour en Angleterre, en Prusse, à Ferney.

Correspondance avec Frédéric et Catherine II.
Historien : *Charles XII*, *siècle de Louis XIV*.
Poëte : *Tragédies*, la *Henriade*. *Poésies légères*.
Philosophe : *Encyclopédie*, *Dictionnaire philosophique*.

J. J. ROUSSEAU, né à Genève 1712, mort à Ermenonville 1778.
Graveur, valet, précepteur, musicien, écrivain.
Discours à l'Académie de Dijon.
Emile.
Nouvelle Héloïse.
Contrat social.

MONTESQUIEU, né à la Brède, près Bordeaux, 1689, mort à Paris, 1755. Président à mortier au Parlement de Bordeaux.
Lettres persanes.
Considérations sur la grandeur et la décadence des Romains.
Esprit des lois, 1748.

Savants.	*Peintres.*	*Compositeurs.*
Les 3 Cassini. Réaumur. Buffon Leclerc, comte de. Jussieu.	Joseph Vernet. Boucher. Watteau.	Rameau. Grétry. Gluck.

FIN.

PARIS. — IMPRIMERIE DE FAIN ET THUNOT,
Rue Racine, 28, près de l'Odéon.

www.ingramcontent.com/pod-product-compliance
Lightning Source LLC
LaVergne TN
LVHW011447180726
843503LV00006BA/2419

* 9 7 8 2 3 2 9 6 9 3 4 5 3 *